高等职业教育汽车类专业校企合作"互联网+"创新型教材
新能源汽车技术专业

新能源汽车动力电池系统与充电系统

深圳风向标教育资源股份有限公司　组编
主　编　王玉彪　石功名
副主编　杨耀辉　李发船　黄景鹏
参　编　王章杰　邓志武　李　敏　黄立权　韦堂娟
　　　　宋文艳　邹定凤　梁海深　王新童　钟　海
　　　　屈　贤　曾　志

机械工业出版社

本书主要由纯电动汽车结构与原理、纯电动汽车动力电池系统、纯电动汽车充电系统 3 个模块组成。本书内容包括动力电池的分类、结构原理、性能指标及其发展历程，重点介绍了磷酸铁锂蓄电池的结构原理、三元锂蓄电池的结构原理、动力电池的实训检测与故障诊断排除、充电系统的结构与原理以及 7kW 交流充电桩和 60kW 直流充电桩的结构原理。本书采取理实相结合的方式编写，每个模块后面都附有实训任务工单。

本书可作为职业院校新能源汽车技术、汽车检测与维修技术、汽车电子技术等相关专业的教学用书，也可作为汽车维修企业内部培训用书，以及汽车维修技术人员和汽车 4S 店工作人员的参考用书。

图书在版编目（CIP）数据

新能源汽车动力电池系统与充电系统/深圳风向标教育资源股份有限公司组编；王玉彪，石功名主编. —北京：机械工业出版社，2021.2（2025.1 重印）

高等职业教育汽车类专业校企合作"互联网+"创新型教材

ISBN 978-7-111-67471-9

Ⅰ.①新… Ⅱ.①深…②王…③石… Ⅲ.①新能源-汽车-蓄电池-高等职业教育-教材 Ⅳ.①U469.72

中国版本图书馆 CIP 数据核字（2021）第 020743 号

机械工业出版社（北京市百万庄大街 22 号　邮政编码 100037）
策划编辑：蓝伙金　责任编辑：蓝伙金　谢熠萌
责任校对：李　杉　封面设计：鞠　杨
责任印制：常天培
固安县铭成印刷有限公司印刷
2025 年 1 月第 1 版第 7 次印刷
184mm×260mm・10 印张・246 千字
标准书号：ISBN 978-7-111-67471-9
定价：50.00 元

电话服务　　　　　　　　　　　网络服务
客服电话：010-88361066　　　　机　工　官　网：www.cmpbook.com
　　　　　010-88379833　　　　机　工　官　博：weibo.com/cmp1952
　　　　　010-68326294　　　　金　书　网：www.golden-book.com
封底无防伪标均为盗版　　　　　机工教育服务网：www.cmpedu.com

前 言

教材是教学过程的主要载体,加强教材建设是深化教学改革的有效途径和推进人才培养模式改革的重要条件,也是保障教学基本质量、培养高端技能型人才和技术应用型人才的重要基础。

本书由深圳风向标教育资源股份有限公司、广东交通职业技术学院、河源技师学院、上海楷睿机电设备有限公司、柳州职业技术学院、睿控(深圳)发展有限公司、桂林宋宇机电设备有限公司、内蒙古众友创惠教育科技有限公司联合编写,主要是围绕着纯电动汽车能量供给系统编写的,素材来源于实车、教学资源包等。本书主要由纯电动汽车结构与原理、纯电动汽车动力电池系统、纯电动汽车充电系统3个模块组成。本书内容包括动力电池的分类、结构原理、性能指标及其发展历程,重点介绍了磷酸铁锂蓄电池和三元锂蓄电池的结构原理,以及动力电池的实训检测与故障诊断排除,同时还介绍了充电系统的结构与原理以及7kW交流充电桩和60kW直流充电桩的结构原理。本书编写方式新颖,主要有以下几点特色:

1)采取理实相结合的方式编写,每个模块后面都编写有小结、思考题、测验以及本模块的实训任务工单。围绕"互联网+职业教育"发展需求,本书配套了数字化教学资源(二维码视频链接),为教学组织提供了较大的选择空间。

2)校企联合编写,内容贴近实际,注重实践的操作性与模式的可复制性、可推广性,实现知识型、技能型、创新型人才的培养。

3)突出新技术、新车型,将目前市面上典型的动力电池产品、纯电动汽车车型、充电系统等的相关内容作为本书各模块的主体内容,保证教学内容与时俱进。

由于本书内容新,知识面广,限于作者水平和能力,书中误漏之处难免,诚恳期望得到同行专家和广大读者的批评指正。

编　者

二维码索引

序号	名称	二维码	页码
1	纯电动汽车安全宣传动画		2
2	比亚迪 e5 高压四合一		3
3	纯电动汽车预充状态		8
4	纯电动汽车运行状态		9
5	纯电动汽车能量回收		10
6	纯电动汽车漏电状态		11

（续）

序 号	名 称	二 维 码	页 码
7	纯电动汽车交流充电状态		11
8	比亚迪 e5 高压维修开关位置		32
9	高压维修开关插拔		32
10	高压互锁波形检测		79
11	预充接触器波形检测		81
12	动力电池电量 SOC 标定		86
13	比亚迪 e5 动力电池拆卸		87
14	充电操作		109
15	交流充电 CP 信号波形检测		113

目　录

前言
二维码索引

模块一　纯电动汽车结构与原理 ……………………………………………… 1
单元1　纯电动汽车总体组成 …………………………………………… 2
单元2　纯电动汽车基本工作原理 ……………………………………… 7
小结 ……………………………………………………………………… 12
思考题 …………………………………………………………………… 12

模块二　纯电动汽车动力电池系统 …………………………………………… 13
单元1　动力电池 ………………………………………………………… 14
一、国内、外动力电池发展现状 ……………………………………… 14
二、动力电池的分类 …………………………………………………… 19
三、动力电池性能指标 ………………………………………………… 23
四、动力电池结构与原理 ……………………………………………… 28
五、镍氢蓄电池的结构与基本原理 …………………………………… 34
六、磷酸铁锂蓄电池的结构与基本原理 ……………………………… 36
七、三元锂蓄电池的结构与基本原理 ………………………………… 37
八、三元锂蓄电池和磷酸铁锂蓄电池对比 …………………………… 39
九、石墨烯蓄电池的结构与基本原理 ………………………………… 40
十、超级电容器的结构与基本原理 …………………………………… 41
十一、锂蓄电池、石墨烯蓄电池、超级电容器的融合分析 ………… 44
单元2　蓄电池管理系统（BMS） ……………………………………… 45
一、蓄电池管理系统的常见功能模块 ………………………………… 45
二、蓄电池管理系统分类 ……………………………………………… 48
三、动力电池SOC与SOH估算技术及管理方案 …………………… 49
四、动力电池使用存在的问题 ………………………………………… 57
五、蓄电池管理系统常见故障 ………………………………………… 58

单元3　国内外知名品牌纯电动汽车动力电池的应用 … 59
一、德国的纯电动汽车宝沃 BXi7 … 59
二、美国的特斯拉 Model 3 与三元锂 21700 型单体蓄电池 … 59
三、日本的日产聆风 … 61
四、刀片蓄电池与比亚迪汉 EV … 61

单元4　国内常见纯电动汽车的动力电池 … 63
一、北汽 EX360 动力电池基本参数与结构 … 63
二、吉利帝豪 EV450 动力电池基本参数与结构 … 64
三、长安逸动 EV460 动力电池基本参数与结构 … 65
四、国金 GM3 动力电池基本参数与结构 … 66
五、比亚迪 e5 动力电池基本参数与动力电池铭牌 … 66
六、比亚迪 e5 动力电池结构 … 68
七、比亚迪 e5 蓄电池管理系统（BMS） … 76

单元5　比亚迪 e5 动力电池检测实训 … 79
一、高压互锁检测 … 79
二、蓄电池包各接触器电阻、电压检测 … 79
三、蓄电池包各接触器波形检测 … 80
四、蓄电池子网检测 … 84
五、动力电池外壳绝缘检测、动力电池高压插接件绝缘检测 … 85
六、动力电池 SOC 值的标定 … 86
七、动力电池的拆装以及动力电池冷却液的更换与排空 … 87
八、比亚迪 e5 动力电池数据流分析 … 88

单元6　比亚迪 e5 动力电池系统常见故障诊断与排除 … 89
小结 … 96
思考题 … 96
测验 … 96
实训任务工单 … 98

模块三　纯电动汽车充电系统 … 104
单元1　充电系统简介 … 105
一、慢速充电系统基本结构与原理 … 105
二、比亚迪 e5 交流充电系统 … 106
三、直流快速充电系统基本结构与原理 … 117
四、交流慢充与直流快充的区别 … 122

单元2　低压充电系统与能量回收系统 … 122
一、DC/DC 低压充电系统 … 122
二、能量回收系统 … 125
三、车载充电设备 … 126
四、外部充电设备 … 128
五、充电注意事项 … 130

单元3　7kW交流充电桩 ·· 131
　　一、7kW交流充电桩的结构 ··· 131
　　二、7kW交流充电桩的工作原理 ··· 134
　　三、7kW交流充电桩的常见故障 ··· 135
单元4　60kW直流充电桩 ·· 136
　　一、60kW直流充电桩的结构 ·· 136
　　二、60kW直流充电桩的工作原理 ·· 140
单元5　充电系统常见故障 ·· 142
单元6　国外充电口 ··· 144
小结 ··· 145
思考题 ··· 145
测验 ··· 146
实训任务工单 ·· 148

模块一

纯电动汽车结构与原理

> **学习目标**

1. 熟悉纯电动汽车的总体组成。
2. 熟悉纯电动汽车的基本工作原理。

> **关键词**

纯电动汽车、动力电池、电机控制器、DC/DC 变换器、车载充电机、高压配电箱、蓄电池管理系统、整车控制器。

> **学习情景**

由于大城市对传统汽车限牌且摇号困难,所以客户黄女士想买一辆纯电动汽车作为上下班的交通工具。但黄女士对纯电动汽车不太了解,于是她找到比亚迪的一家 4S 店要求相关销售人员介绍比亚迪 e5 纯电动汽车的概况。

单元 1　纯电动汽车总体组成

纯电动汽车（Battery Electric Vehicle，BEV）总体主要由动力电池、底盘、车身和电器四部分组成。动力电池作为电动汽车的重要组成部分，分为蓄电池模组、蓄电池管理系统、热管理系统、电气系统和机械系统五个主要部分。底盘由驱动电机及其控制系统、行驶系统、转向系统和制动及能量回收系统四部分组成。

纯电动汽车安全宣传动画

由于纯电动汽车对环境影响相对传统汽车较小，因此其前景被广泛看好。纯电动汽车是完全由可充电电池（如铅酸蓄电池、镍镉蓄电池、镍氢蓄电池或锂离子蓄电池）提供动力源的汽车。纯电动汽车动力装置主要由动力电池组、驱动电机、控制系统及安全保护系统等组成。动力电池组是电动汽车的动力源，用于驱动电机，将蓄电池组的电能转化成机械能，驱动车辆行驶。驱动电机是为车辆行驶提供驱动力的电动机，电动机可以在相当宽广的速度范围内高效产生转矩，在纯电动车行驶过程中不需要换档变速装置，操纵方便容易，噪声低。控制系统对蓄电池组进行管理、对高压电进行分配、对电动机进行控制等。安全保护系统在电动汽车发生紧急情况时，对人及机器进行保护。

纯电动汽车控制系统主要由电机控制器、DC/DC 变换器、高压配电箱、车载充电机（OBC）、整车控制器（VCU）等组成（图 1-1）。

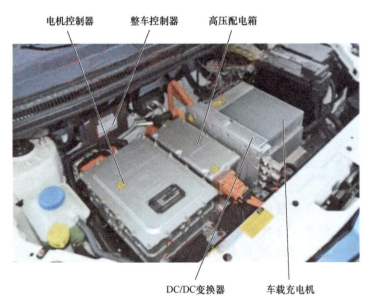

图 1-1　纯电动汽车控制系统主要组成

下面以比亚迪 e5 为例介绍纯电动汽车的总体结构（图 1-2）。从图 1-2 中可以了解纯电动汽车各主要部件在整车中的布局与位置。

图 1-3 所示为高压电控总成上层内部结构。

高压电控总成主要的功能：

模块一　纯电动汽车结构与原理

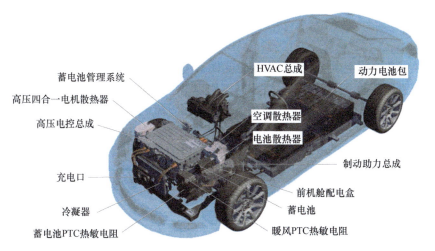

比亚迪 e5
高压四合一

图 1-2　比亚迪 e5 整体结构
PTC—正温度系数　HVAC—供热通风与空气调节

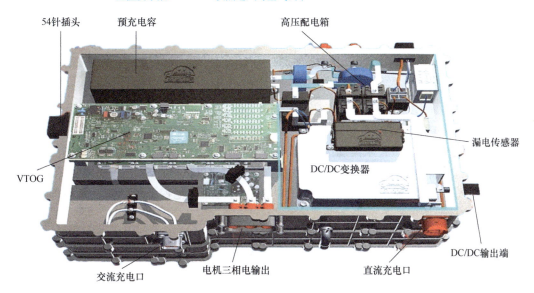

图 1-3　高压电控总成上层内部结构
VTOG—双向交流逆变式电机控制器

1）控制高压交/直流电双向逆变，驱动电机运转，实现充、放电功能（VTOG、车载充电机）。

2）实现高压直流电转化成低压直流电为整车低压电气系统供电（DC/DC）。

3）实现整车高压电路配电功能以及高压漏电检测功能（高压配电箱和漏电传感器模块）。

4）另外还包括 CAN 通信、故障处理记录、在线 CAN 烧写以及自检等功能。

比亚迪 e5 的高压电控总成即把电机控制器、高压配电箱、DC/DC 变换器、车载充电机集成为一个总成，又称"四合一"：

1）双向交流逆变式电机控制器（VTOG）。

2）高压配电箱。

3）车载充电机（底层）。
4）DC/DC 变换器。

1. 电机控制器

电机控制器（图 1-4）是控制主牵引电源与电机之间能量传输的装置，它由外界控制信号接口电路、电机控制电路和驱动电路组成。电机控制器作为整个驱动系统的控制中心，由逆变器和控制器两部分组成。逆变器接收蓄电池输送过来的高压直流电，逆变成三相交流电给汽车电机提供电源。控制器接收电机转速等信号反馈到仪表，当发生制动或者加速行为时，控制器控制变频器频率的升降，从而达到加速或者减速的目的。

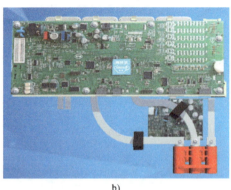

a)　　　　　　　　　　　　　　　b)

图 1-4　电机控制器

电机控制器的主要功能：

1）驱动控制（放电）：采集加速踏板、制动踏板、档位、旋变等信号，控制电机正向、反向转动，正、反转发电功能；具有输出高电压和电流控制限制功能；具有电压跌落、过电流、过温保护，功率限制，转矩控制限制等功能；同时具备电控系统防盗、能量回馈控制、主动泄放、被动泄放控制等功能。

2）充放电控制：具有交、直流转换，双向充、放电控制功能；能自动识别单相、三相相序并根据充电电流控制充电方式，根据充电设备识别充电功率，控制充电方式；根据车辆或其他设备请求信号能控制车辆对外放电；具有断电重启功能；具有在电网断电，又供电的时候，可继续充电功能。

2. 高压配电箱

电动汽车高压配电箱又称高压配电盒，是高压系统分配单元。电动汽车具有高电压和大电流的特点，通常配备 300V 以上的高压系统，工作电流可达 200A 以上，可能危及人员安全和高压零部件的使用安全性。通常，与动力电池相关的高压元器件（如各回路的接触器及熔丝等）集成在动力电池包内。动力电池作为电动汽车的能量储存装置，受整车尺寸及布置影响，可用空间非常有限。同时，为了保证动力电池系统维修的便利性，减少拆卸动力电池包的次数，高压配电箱应运而生。它的功能是保障整车系统电能的传输，是动力电池与各高压设备的电源和信号传递的桥梁。高压配电箱随时检测整个高压系统的绝缘故障、断路故障、搭铁故障及高压故障等。

高压配电箱内部结构和实物图结构分别如图 1-5 和图 1-6 所示。

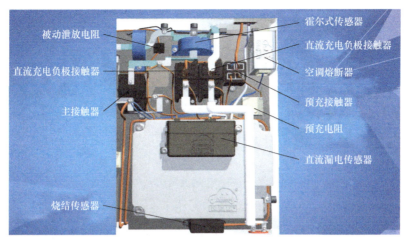

图1-5　高压配电箱内部结构

图1-6　高压配电箱内部实物图结构

3. 车载充电机

车载充电机是指固定安装在电动汽车上的充电机，是一种专为电动汽车动力电池充电的设备，是对蓄电池充电时用到的有特定功能的电力转换装置，位置在高压"四合一"的底层，车载充电机如图1-7所示。车载充电机能为动力电池安全、自动充满电，它依据蓄电池管理系统提供的数据，动态调节充电电流或电压参数，执行相应的动作，完成充电过程。它的优点是只要有额定电压的交流插座就可以对电动汽车进行充电。它的缺点是受电动汽车空间所限，功率较小，输出充电电流小，动力电池充电时间较长。

4. DC/DC 变换器

DC/DC 变换器（图1-8）是将动力电池组的高电压转换为 13~14V 的低电压，既能给全车电器供电，又能给辅助蓄电池充电的设备。DC/DC 变换器在纯电动汽车上的功能就相当于传统燃油汽车上发电机的功能，它的电能来自动力电池包，给车载电器供电。作为电动汽车动力系统中很重要的一部分，它的一类重要功能是为动力转向系统、空调以及其他辅助设备提供所需的电力；另一类功能是出现在复合电源系统中，与超级电容器串联，起到调节电源输出，稳定母线电压的作用。

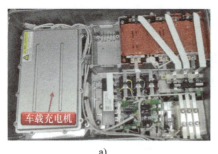
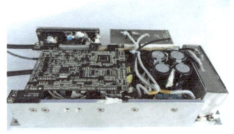

a)   b)

图 1-7 车载充电机

DC/DC 变换器

a)   b)   c)

图 1-8 DC/DC 变换器

5. 纯电动汽车两个主要的控制部件

（1）蓄电池管理系统（BMS）（图 1-9） 蓄电池管理系统对整车的安全运行、整车控制策略的选择、充电模式的选择以及运营成本都有很大影响。蓄电池管理系统无论在车辆运行过程中还是在充电过程中都要可靠地对蓄电池的状态进行实时监控和故障诊断，并将结果通过 CAN 总线反馈至车辆集成控制器或充电机，以便采用更加合理的控制策略，达到有效且高效使用蓄电池的目的。它作为蓄电池系统的重要组成部分，具有实时监控蓄电池状态、优化使用蓄电池能量、延长蓄电池寿命和保证蓄电池的使用安全等重要作用。

（2）整车控制器（VCU）（图 1-10） 整车控制器对新能源汽车动力链的各个环节进行管理、协调和监控，以提高整车能量利用效率，确保安全性和可靠性。整车控制器采集驾驶人驾驶信号，通过 CAN 总线获得电机和蓄电池系统的相关信息，进行分析和运算，通过 CAN 总线给出电机控制和蓄电池管理指令，实现整车驱动控制、能量优化控制和制动回馈控制。整车控制器还具有组合仪表接口功能，可显示整车状态信息；具备完善的故障诊断和处理功能；具有整车网关及网络管理功能。

图 1-9 蓄电池管理系统（BMS）   图 1-10 整车控制器（VCU）

单元 2　纯电动汽车基本工作原理

当电源接通，汽车前进时，主控 ECU 接收到档位控制器、加速踏板和角度传感器等各方面信息，并将指令传递给电机控制器，以控制流向前驱动电机的电流，此时蓄电池组电流通过高压维修开关、配电箱/继电器之后，一路经过电机控制器向前驱动电机供给需要的电流，从而使驱动电机运转，通过变速器/差速器和传动轴，带动左右驱动轮，使汽车前进。

当汽车减速时，车轮带动驱动电机转动，通过电机控制系统使感应电机成为交流发电机产生电流，此时，交流电变为直流电向蓄电池组充电（制动再生能量）。同时，纯电动汽车（BEV）控制系统通过各传感器、电流检测器对动力电池组、驱动电机进行监控并及时反馈信息和报警，并通过电流表、电压表、电功率表、转速表和温度表等仪表进行显示。

纯电动汽车的行驶状态主要有起动、正常行驶、急加速、上坡、减速制动、倒车和停车等，起动时，要求电动机供给大转矩，低速起步；平路正常行驶时，要求电动机提供足够的驱动力和速度，同时能耗最低；急加速和上坡时，要求电动机提供较大的驱动力，有较好的超载能力；减速制动时，要求电动机转化为发电机，回收减速制动的能量，向蓄电池组充电；当汽车停车时，要求电动机自动停止。

1. 车辆停止状态

车辆在停止状态，点火开关没打开时，车辆各接触器处在断开位置。车辆停止状态的电路示意图如图 1-11 所示。

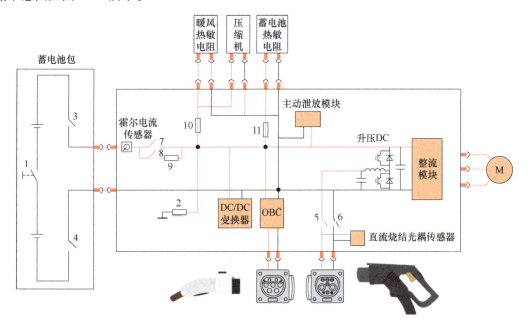

图 1-11　车辆停止状态的电路示意图

1—维修开关（300A）　2—漏电传感器　3—正极接触器　4—负极接触器　5—直流充电正极接触器
6—直流充电负极接触器　7—放电主接触器　8—预充接触器　9—预充电阻（100Ω）
10—空调熔断器（32A）　11—蓄电池加热器熔断器（32A）

2. 车辆预充上电

车辆在上电时一般都要先进入预充状态，那为什么要预充呢？电动汽车的电机控制器等电路中都含有电容，电动汽车在冷态起动无预充情况下，主接触器直接接通，蓄电池高压将直接加载到空的电容上，电容两端电压为0，相当于瞬间短路，极大的瞬时电流会对继电器、整流器件、待充电容造成较大冲击，甚至损坏，所以需要预充电阻限流。预充回路先将母线之间的电容进行预充，以保证系统正常运行。

预充接触器在蓄电池管理系统的控制下，在电动汽车冷态起动时，接通预充电阻所在的电路，对电流进行限制。直到电容达到充电目标要求后（接近动力电池电压），蓄电池管理系统控制预充接触器断开，接通主接触器。预充中的电路示意图如图1-12所示。

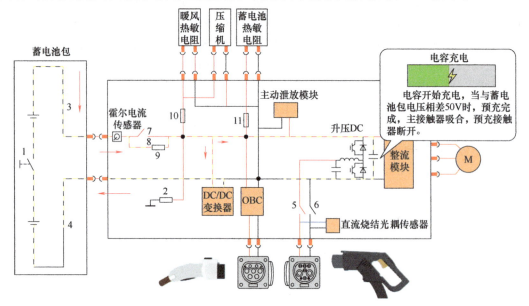

图1-12 预充中的电路示意图

1—维修开关（300A） 2—漏电传感器 3—正极接触器 4—负极接触器 5—直流充电正极接触器
6—直流充电负极接触器 7—放电主接触器 8—预充接触器 9—预充电阻（100Ω）
10—空调熔断器（32A） 11—蓄电池加热器熔断器（32A）

纯电动汽车
预充状态

车辆预充过程：打开点火开关，蓄电池管理系统收到车辆起动信号后，先控制蓄电池包的正负极接触器3和4闭合，再控制预充接触器8闭合。此时，电流经过正极接触器3至预充接触器8和预充电阻9，电流受到限制后再到预充电容，电容开始充电。当电容的电压与蓄电池包电压相差50V时，预充完成，此时放电主接触器7闭合，预充接触器8断开，车辆上高电压，DC/DC变换器也进入工作状态。预充完成的电路示意图如图1-13所示。

3. 车辆运行状态

车辆上电完成，OK灯点亮后，可以正常挂档行驶时，驾驶人踩制动踏板挂档，此时高电压经正极接触器3和放电主接触器7进入配电箱分配到电机控制器，电机控制器把直流高电压经过转换（直流变交流）和处理，给驱动电机输出所需的三相交流电，同时，电机控制器还根据驾驶人的意愿控制驱动电机的正转和反转，以及其转矩的大小、转速的快慢。车辆运行状态的电路示意图如图 1-14 所示。

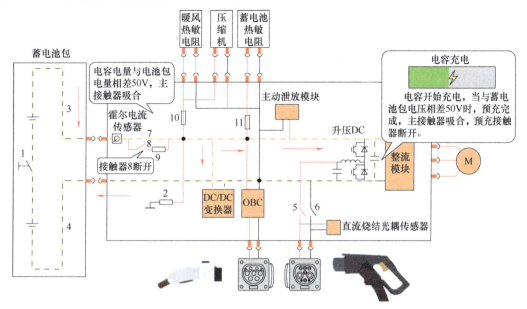

图 1-13 预充完成的电路示意图

1—维修开关（300A） 2—漏电传感器 3—正极接触器 4—负极接触器 5—直流充电正极接触器
6—直流充电负极接触器 7—放电主接触器 8—预充接触器 9—预充电阻（100Ω）
10—空调熔断器（32A） 11—蓄电池加热器熔断器（32A）

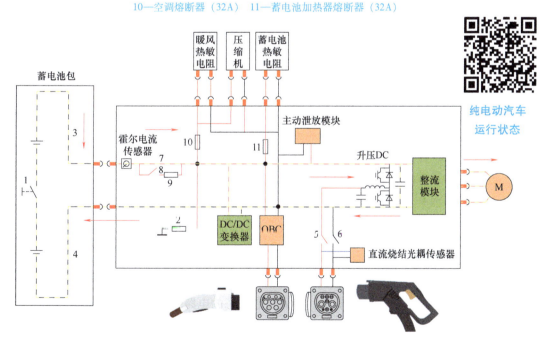

图 1-14 车辆运行状态的电路示意图

1—维修开关（300A） 2—漏电传感器 3—正极接触器 4—负极接触器 5—直流充电正极接触器
6—直流充电负极接触器 7—放电主接触器 8—预充接触器 9—预充电阻（100Ω）
10—空调熔断器（32A） 11—蓄电池加热器熔断器（32A）

4. 车辆能量回收状态

车辆在制动或滑行的过程中，驱动电机给电机控制器反向电压，其电压经过电机控制器逆变和转换（交流变直流）成高电压经放电主接触器7、正负极接触器3和4给动力电池充电。车辆能量回收状态的电路示意图如图1-15所示。

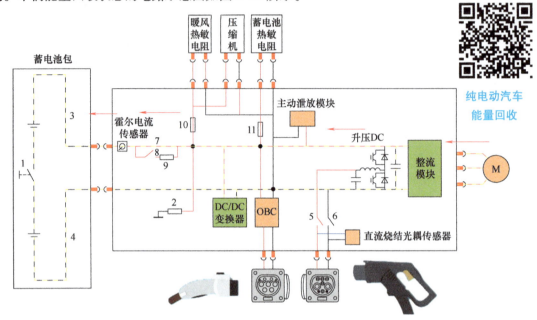

图1-15　车辆能量回收状态的电路示意图

1—维修开关（300A）　2—漏电传感器　3—正极接触器　4—负极接触器　5—直流充电正极接触器
6—直流充电负极接触器　7—放电主接触器　8—预充接触器　9—预充电阻（100Ω）
10—空调熔断器（32A）　11—蓄电池加热器熔断器（32A）

制动能量回收技术不仅能够提高能量利用率，而且可以减少磨损和制动热量，降低噪声，缓解热衰退，从而优化汽车的制动性能，提高制动稳定性。

有研究发现，在城市工况中，近34%的汽车驱动能量消耗在制动过程中，而在电动汽车中，这部分能量可以通过电气系统由驱动轮传至动力电池，转化效率可高达68%，可增加车辆续航里程约24.4%。

5. 车辆漏电状态

车辆如果发生漏电，车辆的漏电传感器会检测到漏电的信号，并发送给蓄电池管理系统和其他模块，这时候蓄电池管理系统控制正负极接触器3和4断开，也控制放电主接触器7断开，同时双向交流逆变式电机控制器（VTOG）控制主动泄放模块在5s内将电容的电压泄放至60V以下，保证车辆和人员安全。车辆漏电状态的电路示意图如图1-16所示。

6. 车辆充电状态

插上交流充电枪后，车载充电机接收到充电枪的信号，控制车内接触器闭合，220V的交流电经过充电枪到车载充电机（OBC），经过车载充电机的转换（交流变直流）和升压，最后把转换和升压后的高电压经车内接触器输送给动力电池充电。交流充电状态的电路示意图如图1-17所示。

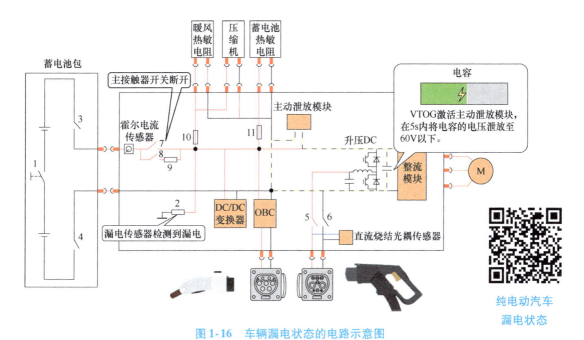

图 1-16 车辆漏电状态的电路示意图

1—维修开关（300A） 2—漏电传感器 3—正极接触器 4—负极接触器 5—直流充电正极接触器
6—直流充电负极接触器 7—放电主接触器 8—预充接触器 9—预充电阻（100Ω）
10—空调熔断器（32A） 11—蓄电池加热器熔断器（32A）

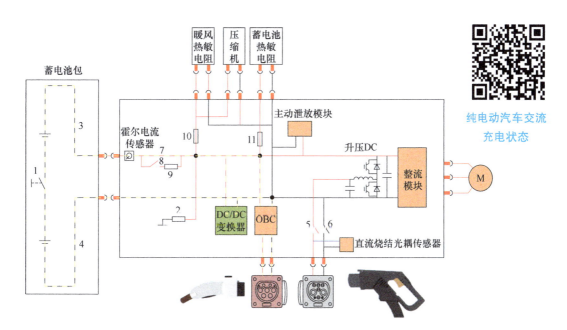

图 1-17 交流充电状态的电路示意图

1—维修开关（300A） 2—漏电传感器 3—正极接触器 4—负极接触器 5—直流充电正极接触器
6—直流充电负极接触器 7—放电主接触器 8—预充接触器 9—预充电阻（100Ω）
10—空调熔断器（32A） 11—蓄电池加热器熔断器（32A）

 **小结**

1. 纯电动汽车总体主要由动力电池、底盘、车身和电器四部分组成。

2. 纯电动汽车的行驶状态主要有起动、正常行驶、急加速、上坡、减速制动、倒车和停车等。

3. 预充接触器在蓄电池管理系统的控制下，在电动汽车冷态起动时，接通预充电阻所在的电路，对电流进行限制。直到电容达到充电目标要求后（接近动力电池电压），蓄电池管理系统控制预充接触器断开，接通主接触器。

 **思考题**

1. 动力电池有什么作用以及动力电池有哪些结构？
2. 电动汽车如何实现能量回收？
3. 电动汽车未来的发展趋势如何？

模块二

纯电动汽车动力电池系统

➢ **学习目标**
1. 了解动力电池的定义与分类。
2. 了解动力电池的性能指标。
3. 熟悉磷酸铁锂蓄电池和三元锂蓄电池结构与工作原理。
4. 了解动力电池管理器的定义与功能。
5. 了解动力电池的发展现状与后期顾虑。
6. 熟悉动力电池常见的故障现象与故障原因。
7. 了解比亚迪 e5 动力电池结构组成。
8. 掌握比亚迪 e5 动力电池数据流的读取与分析。

➢ **关键词**
动力电池、蓄电池管理系统、SOC、容量、热管理、磷酸铁锂、三元锂、超级电容器。

➢ **学习情景**
日前，客户黄女士经 4S 店销售人员介绍，买了一辆纯电动汽车作为上下班交通工具，但她对纯电动汽车的能量消耗知识不太了解，她知道原来的传统汽车加满一箱油可以跑 350~500km，现在不知道这辆电动汽车充满电可以跑多少里程？于是黄女士要求 4S 店销售人员详细介绍一下动力电池的相关知识。

单元1　动力电池

动力电池系统是电动汽车的动力来源，它为整车驱动和其他用电器提供电能，接受和储存车载充电机、外置充电装置和能量回收装置提供的高压直流电。

蓄电池包一般是由若干组蓄电池模块组成。一个蓄电池模块则是由若干个单体蓄电池组成。蓄电池模块装载在一个有电子和热控制的箱体中，这个箱体内还有整个蓄电池系统与车辆其他组成部分的接口设施以及蓄电池管理系统。每个蓄电池模块也有其适当的包装、热控制和机械或电子设备。这个装载有蓄电池模块、热控制和电子设备以及其他部件的箱体就是我们通常所说的蓄电池包。

一、国内、外动力电池发展现状

受益于新能源汽车产业的发展，全球动力电池行业发展迅猛。其中，中国的动力电池行业发展得尤为迅猛。

中国作为全球最大的新能源汽车产销市场，带动了中国动力电池行业的发展。2018年中国动力电池市场规模突破820亿元，动力电池装总装机量达到56.9GWh，动力电池产量达到70.6GWh（图2-1）。

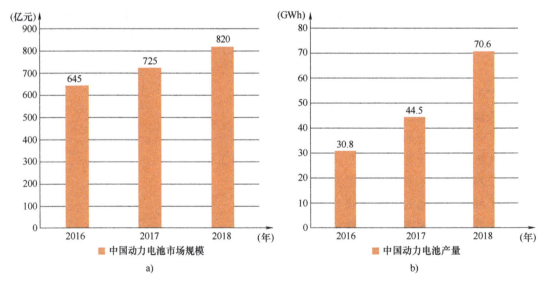

图2-1　中国动力电池市场规模与产量

1. 中国动力电池产业链基本形成

目前，中国动力电池已经形成上游材料、中游生产以及下游应用的产业布局。中国动力电池产业链如图2-2所示。

作为动力电池产业衍生行业，中国蓄电池回收行业处于起始阶段，目前已形成由生产者主导的回收和以专业第三方为主体的回收两种模式。

2. 中国动力电池行业发展趋势

（1）动力电池未来向高性能、低成本、长寿命发展　动力电池比能量、能量密度和动

模块二 纯电动汽车动力电池系统

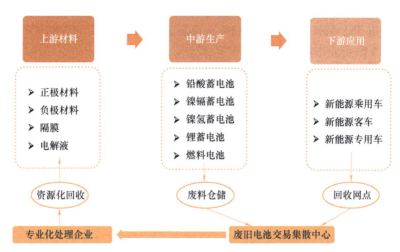

图 2-2 中国动力电池产业链

力电池寿命要持续增长，动力蓄电池成本要逐步降低。计划未来 10 年（即到 2030 年），纯电汽车动力电池比能量增长到 500Wh/kg，纯电动汽车能量密度增长到 1000Wh/L，纯电汽车动力电池寿命使用可长达 15 年；而动力电池的成本到 2030 年将降低到 0.4 元/Wh。

（2）产销量持续快速增长，行业集中度在竞争中提升　2018 年中国新能源汽车销量达到 125.6 万辆，动力电池产业在新能源汽车产业的带动下，继续保持快速增长，全年总装机量达到 56.9GWh，同比增长 56.3%。从动力电池生产企业集中度以及数量上可以看出，动力电池行业发展在经历大浪淘沙后集中度得到有效提升，动力电池行业市场份额也在进一步向龙头企业集中。

（3）动力电池系统销售价格下降，上游材料成为关键因素　动力电池系统作为新能源汽车中成本占比最高的部件，直接决定了整车的市场定价。在我国动力电池产品成本的发展演变中，产业链的建设完善和国产化率的不断提高对动力电池的成本下降起到了关键的助推作用。2018 年，我国动力电池上游材料产量增长迅猛，产业化进程不断加速，降低动力电池成本成效明显。整体上，我国新能源汽车动力电池系统的销售价格呈现逐年下降的趋势，但竞争态势仍然严峻，需要产业协力共同促进。

（4）动力电池发展利好，但负面事件频发仍引担忧　动力电池行业发展不断利好，但近日连续的新能源汽车自燃事件却为整个动力电池行业敲响警钟。随着大量车企涌入新能源领域，安全问题已经成为行业的重要问题，目前，蓄电池技术的研发明显跟不上电动汽车行业的大规模扩张，蓄电池技术有待突破，安全问题有待解决。

（5）回收路线渐趋清晰，商业体系仍待健全　目前蓄电池回收行业仍处于起始阶段，2018 年后新能源汽车动力电池将进入规模化退役，预计 2020 年动力电池回收量将达到 247600t。目前，宁德时代、比亚迪、国轩高科、中航锂电等蓄电池生产企业和材料生产企业，均已在动力电池回收领域布局上开始发力。回收网络已初步构建，但尚未成熟，商业模式及体系仍有待继续探寻和健全。

从统计数据来看，动力电池行业头部效应明显，2018 年上半年共有 77 家蓄电池芯厂实现了装机供应，其中宁德时代装机量 6.58GWh，市场占有率达到 42.24%，排在首位；比亚迪以 3.35GWh 占比 21.50%，排名第二；国轩高科以 892.23MWh 占比 5.73% 排在第三位；第四名孚能科技以 753.56MWh 占比 4.84%；第五名亿纬锂能以 547.82MWh 占比 3.52%。动力电池行业前 5 家企业市场占有率达到 77.82%。

2018 上半年，宁德时代上市，比亚迪蓄电池业务对外开放。原行业前三的沃尔特运营困难，外资蓄电池企业在中国本土化生产，各大厂商竞争激烈，力争上游。但总体而言，行业前几名的市场占有率预计将继续扩大。

3. 动力电池行业装机供应前 5 的企业

（1）宁德时代：从供应商到合作商　2017 年 5 月，宁德时代与上汽集团合资成立时代上汽动力电池有限公司和上汽时代动力电池系统有限公司，截至目前这两家公司已经实现投产。

2018 年 4 月，宁德时代与东风汽车合资成立的动力电池公司——东风时代（武汉）电池系统有限公司正式成立，7 月建成投产。

2018 年 7 月，宁德时代决定在德国图林根州埃尔福特市建立首个海外电池生产基地，7 月 19 日，与广汽集团合资成立时代广汽动力电池公司和广汽时代动力电池系统有限公司。

宁德时代成立于 2011 年，并于 2018 年 6 月 11 日在创业板上市。宁德时代建立了动力和储能电池领域完整的研发、制造能力，拥有材料、电芯、蓄电池系统、蓄电池回收的全产业链核心技术。在电动汽车领域，其已与国际顶级汽车厂商及国内众多知名汽车厂商建立了深度合作关系，为全球客户研发、生产纯电动汽车、混合动力汽车的动力电池系统。

（2）比亚迪：从封闭到开放　比亚迪以蓄电池起家，在过去其蓄电池业务一直都是"自给自足"。随着新能源汽车快速发展，比亚迪要想在动力电池领域争得前列，就必须开放动力电池业务。

在 2017 年，比亚迪宣布将动力电池业务独立出来，并向外供应动力电池，同时采购具有竞争力的其他企业动力电池。比亚迪与长安汽车的战略合作正是比亚迪转变发展模式的第一步。比亚迪与长安汽车签署的战略合作协议重要内容之一就是双方拟联合成立一家具有独立法人地位的动力电池合资公司，未来将在重庆两江新区落地，预计产能为 10GWh。

比亚迪创立于 1995 年，主要生产商务轿车、家用轿车和蓄电池。比亚迪由 20 多人的规模起步，2003 年成长为全球第二大蓄电池生产商，同年组建比亚迪汽车。

比亚迪汽车遵循自主研发、自主生产、自主品牌的发展路线，矢志打造真正物美价廉的国民用车，产品的设计既汲取国际潮流的先进理念，又符合中国文化的审美观念。

（3）国轩高科：发力三元高镍蓄电池　国轩高科承接国家科技部 300Wh/kg 高比能量重大科技专项，目前，公司已开发出三元 811 软包电芯，比能量达 302Wh/kg，公司目前已开始建设相关产品中试线。

国轩高科拥有合肥、庐江、南京、苏州、青岛、唐山、泸州等多个生产基地，在上游投资了磷酸铁锂正极材料与三元正极材料，未来将实现原材料全部自供，在下游也紧跟与车企绑定的趋势，是北汽新能源的股东之一。

合肥国轩高科动力能源有限公司成立于 2006 年 5 月。公司主要从事铁锂动力电池新材料、蓄电池芯、蓄电池组、电动自行车、风光锂电绿色照明系统、电动汽车等相关产品的研发、生产、销售，并延伸开发电动高尔夫车、锂电光伏电源、锂电备用电源等多领域系列产品。

（4）孚能科技：发展势头强劲　2018 年 2 月 7 日，孚能科技宣布完成 C 轮 50 亿元人民币融资，引入了中国国有资本风险投资基金、兴业银行股份有限公司、国新国信东吴海外基金等战略投资者，投后估值130亿。

目前孚能科技已经实现给北汽新能源、江铃、长安、长城、瑞丽、昌河等车企批量供货，2019年3月，其还通过了德国戴姆勒集团VDA6.3过程质量审核，成功进入戴姆勒供应商体系。在2018年上半年，孚能科技累计出货超10万套，发展势头强劲。

孚能科技（赣州）有限公司项目是赣州市与美国著名新能源材料开发公司——法拉塞斯能源公司的合作项目，该项目主要目标是生产锰酸锂汽车动力电池及相关产品，并以该项目为龙头、以锂离子蓄电池先进技术和特有的商业模式产业化，建立一个特大型新能源产业工业园和产业集群。

（5）亿纬锂能：形成动力电池全系产品格局　2018年6月，亿纬锂能年产1.5GWh的方形铝壳三元蓄电池项目在湖北荆门正式投产，此次投产后亿纬锂能动力锂蓄电池总的年产能达9GWh，同时投产的还有亿纬锂能旗下荆门亿纬锂蓄电池有限公司年产1.5亿支的圆柱锂锰蓄电池项目产线。

据了解，亿纬锂能采取的多方位技术路线布局战略，目前已全面覆盖新能源专用车、商用车、乘用车等不同领域，亿纬锂能也由此成为国内少数具备动力电池全面解决方案的蓄电池生产企业之一。

惠州亿纬锂能股份有限公司2001年成立，是具有自主知识产权和国际先进技术水平的新型锂电能源领先企业。公司围绕着"追求卓越、质量优先、创造价值、言而有信、团队合作、尊重个人"的企业核心价值观，历经10年的快速发展，现已成为中国锂蓄电池行业的领先企业；公司于2009年10月在深圳创业板上市，是首批28家创业板企业之一。

4. 2019年中国动力电池行业市场前景及投资研究报告

锂离子蓄电池产业作为"十一五"期间重点发展的新能源、新能源汽车和新材料三大产业中的交叉产业，伴随政策的支持，带动了中国锂离子蓄电池市场的高速增长。"十一五"一期动力电池发展计划见表2-1。

表2-1　"十一五"一期动力电池发展计划

常见动力电池	镍氢电池				锂离子电池		
容量规格/Ah	6.8	30.4	80	100	8.2	50	100
比功率/(W/kg)	≥1000	≥700	≥500	200~300	≥1300	≥650	≥400
比能量/(Wh/kg)	40~45	45~50	≥50	65~80	≥65	≥120	≥120
最大放电倍率	20C (20s)	8C (30s)	5C (30s)	3C (30s)	20C (20s)	6C (30s)	4C (30s)
最大充电倍率	6C (10s)	4C (60s)	3C (60s)	2C (10s)	6C (10s)	4C (10s)	4C (60s)
单体电池内阻/mΩ	≥2.5	≥1.5	≥1.0	≥3.0	≥2.5	≥3.0	≥3.0

随着中国新能源汽车产业的快速发展，越来越多的国外动力电池企业在中国投资建厂。韩国三星SDI、LG化学已经分别在中国西安和南京合资建厂投产，日本松下大连工厂正在建设中，德国博世和韩国SK也筹划在中国建设动力蓄电池工厂。

5. 动力电池行业出现产能过剩现象

新能源汽车的高速发展带动了动力电池行业的发展，随着政策的改变，汽车行业发展迎来重大变革，作为纯电动汽车的命脉，未来动力电池产业仍充满变数。

除了国内动力电池厂商的加速扩张外，外资蓄电池公司的本土化进程也在加速。2020年电动汽车补贴减少，为国外蓄电池企业的发展提供了空间。

2018年7月，韩国SK公司表示，准备在中国建设15GWh生产基地，并计划在2025年全球实现60GWh以上的规模。7月17日，南京江宁滨江开发区与韩国LG化学公司举行签约仪式，总投资20亿美元的LG化学动力电池项目落户滨江。

目前，若生产的动力电池产能全部释放，将形成170GWh/年的巨大产能，约为当前市场实际需求的7倍，能够满足500万辆电动乘用车和50万辆电动大客车的总需求。根据相关规划，中国动力电池总容量将在2020年达到285GWh，但单辆电动汽车对动力电池的需求仅为97kWh。动力电池产能过剩的问题已经出现。

在新能源汽车行业整体产能过剩的背景下，小厂商的落后产能得不到很好的消化，企业生存将被连续挤压。在产能过剩的困扰下，一些中小型制造商可能会转型低速车辆和小型能源储存等技术要求较低的领域，从而退出动力电池领域。

6. 国外动力电池发展现状

当前，日本在锂离子蓄电池领域居技术领先地位，已制订至2030年发展规划，系统地安排研发课题，以维持长期的领先地位；松下、NEC、索尼等著名公司都建有大规模锂离子蓄电池生产线。韩国LG化学公司供应的锂蓄电池已驱动超过30万辆电动汽车上路，三星SDI公司也已成为全球主要的动力电池供应商，提供蓄电池给宝马、菲亚特、法拉利等。

美国奥巴马政府曾通过经济刺激方案，将20亿美元专门用于支持美国车用锂离子蓄电池产业的发展，特斯拉汽车与松下联手正在内华达州兴建投资20亿美元的超级锂离子蓄电池工厂。

美国制订了动力电池研发路线，包括以金属锂、硅合金等材料作为负极，高电压材料、空气、硫作为正极的新体系结构动力电池，以及非锂体系动力电池等。

（1）日本动力电池发展状况　日本的NEDO锂离子动力电池性能见表2-2。

表2-2　日本的NEDO锂离子动力电池性能

公司	日立	日本松下MBI	日本汤浅公司
正极	锰材料	镍材料	复合材料
负极	固体碳	固体碳	固体碳
容量/Ah	18.4	7	7
单体蓄电池标称电压/V	3.6	3.6	3.52
能量密度/(Wh/kg)	83	87	92
功率密度/(W/kg)	3383	3034	2830
质量/kg	0.78	0.49	0.264
尺寸/mm	108×34×117	92×22×133	103.7×20.6×76
图片			

（2）德国动力电池发展状况　德国政府对于锂离子动力电池的研发投入了 6000 万欧元，企业投入了 3.6 亿欧元。德国各锂离子动力电池的参数比较见表 2-3。

表 2-3　德国各锂离子动力电池的参数比较

电池型号	VL45E	VL41M	VL22M	VL30P	VL6P
容量/Ah	45	41	22	30	6
额定电压/V	3.6	3.6	3.6	3.6	3.6
直径/mm	54	54	54	54	38
高度/mm	222	222	145	222	145
质量/kg	1.07	1.07	0.65	1.1	0.36
能量密度/(Wh/kg)	151	136	120	97	69
功率密度/(W/kg)	663	794	1076	1381	2027
应用方向		EV		PHEV	HEV

（3）美国动力电池发展状况　美国政府对电动汽车及动力电池的研发大力支持，投入 20 亿美元用于美国境内的先进蓄电池系统以及车用动力电池研发，包括锂离子蓄电池、混合动力系统以及部件生产商和软件研发；投入 3 亿美元用于购买高燃油经济性汽车。

2019 年全球动力电池企业销量排行榜见表 2-4。

表 2-4　2019 年全球动力电池企业销量排行榜

排　名	企　业	国　家	销量/GWh
1	宁德时代	中国	12
2	松下电器	日本	10
3	比亚迪	中国	7.2
4	沃特玛	中国	5.5
5	LG 化学	韩国	4.5
6	国轩高科	中国	3.2
7	三星 SDI	韩国	2.8
8	北京国能	中国	1.9
9	比克	中国	1.6
10	孚能科技	中国	1.3

二、动力电池的分类

目前市面上比较常见的动力电池主要有铅酸蓄电池、镍氢蓄电池、锂蓄电池、燃料电池、石墨烯蓄电池、超级电容器等。

1. 铅酸蓄电池（图 2-3）

铅酸蓄电池是最早应用于纯电动汽车的动力电池，也是最为常用的一种车用蓄电池，已有 150 年的历史，可算是人类历史上的一个伟大发明。铅酸蓄电池的极板是用铅合金制成的格栅，电解液为稀硫酸，两极板均覆盖有硫酸铅。其充电后，正极处极板上硫酸铅转变成二

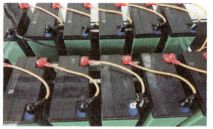

图 2-3 铅酸蓄电池

氧化铅，负极处硫酸铅转变金属铅。其放电时，则发生反方向的化学反应。

铅酸蓄电池技术比较成熟，生产成本较低，而且能够高倍率放电，放电时电动势较稳定。但是铅酸蓄电池的比能量、比功率和能量密度都很低，因此以铅酸蓄电池为动力源的电动汽车不可能拥有理想的车速及续航里程。而且其对环境腐蚀性强，随着蓄电池的放电，正负极板都受到硫化，同时电解液中的硫酸逐渐减少，而水分增多，从而导致电解液的相对密度下降。实际使用中，可以通过测定电解液的相对密度来确定蓄电池的放电程度。在正常使用中，铅酸蓄电池不宜放电过度，否则会使和活性物质混在一起的细小硫酸铅晶体结成较大的晶体，这不仅增加了极板的电阻，而且在充电时很难使它再还原，直接影响蓄电池的容量和寿命。

常用的 12V 铅酸蓄电池主要分为四类，分别为普通蓄电池、干式荷电蓄电池、湿式荷电蓄电池和免维护蓄电池，而目前汽车上主流使用的基本都是免维护蓄电池。

目前在主流发展的纯电动汽车上，铅酸蓄电池仅作为辅助起动电源，起到蓄能的作用并给 12V 的用电器供电，12V 铅酸蓄电池不需要提供起动时的大电流。

2. 镍氢蓄电池（图 2-4）

镍氢蓄电池是作为电动汽车蓄电池的另一个主要选择，尤其是在混合动力汽车上有着广泛的应用。镍氢蓄电池是早期的镍镉蓄电池的替代品，它是目前最环保的蓄电池之一，其以能吸收氢的金属代替镉（Cd），因为不再使用有毒的镉，所以可以消除重金属元素对环境带来的污染问题。镍氢蓄电池相比于铅酸蓄电池和镍镉蓄电池有着较大的能量密度，这意味着它可以在不为电动汽车增

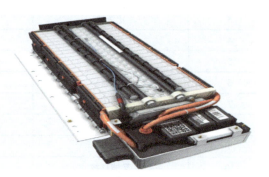

图 2-4 镍氢蓄电池

加额外质量的情况下，有效地延长车辆的行驶时间。同时镍氢蓄电池在电化学特性方面与镍镉蓄电池亦基本相似，但又大大减少了镍镉蓄电池中存在的"记忆效应"，这使得镍氢蓄电池可以方便地使用。

镍氢蓄电池放电特性平稳，放电曲线非常平滑，发热量小，这都是镍氢蓄电池的优势，也是电动汽车选用其作为电动汽车动力电池的依据。但是镍氢蓄电池具有较高的自我放电效应，约为每个月 30% 或更多，这是制约其在车辆上广泛应用的瓶颈。电动汽车蓄电池充得越满自放电速率就越高；当电量下降到一定程度时，自放电速率又会稍微下降。蓄电池存放

处的温度对自放电速率有十分大的影响。正因如此，长时间不用的镍氢蓄电池最好是充到40%的半满状态。此外，镍氢蓄电池较高的成本也是制约其在车辆上广泛应用的瓶颈。

另外，氢镍蓄电池也存在单体蓄电池电压低（1.2V）、对环境温度敏感等缺点。

3. 锂蓄电池（图2-5）

相对于传统的铅酸蓄电池与镍氢蓄电池，锂蓄电池的历史很短。锂离子蓄电池被称为性能最为优越的蓄电池，号称"终极蓄电池"，受到市场的广泛青睐。锂离子蓄电池的市场需求一直保持相当高的增长速度，市场对于锂离子蓄电池的巨大需求也引导锂离子蓄电池行业的继续走强，也使锂离子蓄电池在电动汽车方面应用成为可能。

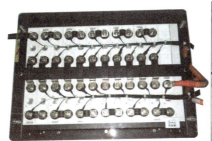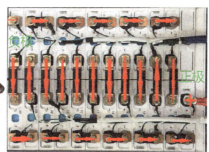

图2-5 锂蓄电池

锂蓄电池（Lithium Battery）是指电化学体系中含有锂（包括金属锂、锂合金、锂离子、锂聚合物）的蓄电池。锂离子蓄电池是通过锂离子在电极之间移动而产生电能的，这种电能的存储和放出是通过正极活性物质中放出的锂离子向负极活性物质中移动完成的，并不伴随化学反应，这是锂离子蓄电池的最大特点。锂离子蓄电池反应的这种特点，使锂离子蓄电池比传统的蓄电池具有更长的寿命。

锂离子蓄电池负极一般是可大量储锂的碳素材料，正极是含锂的过渡金属磷化物，电解质是锂盐的有机溶液。

作为电动汽车最新也是最佳的车用动力电池选择，锂离子蓄电池相对于镍氢蓄电池与铅酸蓄电池有以下10个优点。

1）单体锂离子蓄电池标准电压高达3.6V，是镍氢蓄电池的3倍，铅酸蓄电池的近2倍。

2）锂离子蓄电池质量小，比能量大（高达150Wh/kg），是镍氢蓄电池的2倍，铅酸蓄电池的4倍，其质量是相同能量的铅酸蓄电池的三分之一，这个特点是锂离子蓄电池作为车用动力电池的一个十分大的优势。

3）锂离子蓄电池体积小，能量密度高达400Wh/L，因此其体积是相同能量的铅酸蓄电池的二分之一。这为电动汽车合理高效地进行整车布局提供了保证。

4）锂离子蓄电池循环寿命长，循环次数可达2000次，以容量保持60%的标准计算蓄电池组100%充放电循环次数可以达到1200次以上，使用年限可达6~7年，寿命约为铅酸蓄电池的2~3倍。

5）锂离子蓄电池自放电率低，每月不到5%，是镍氢蓄电池的六分之一。

6）锂离子蓄电池允许工作温度宽，低温性能好，锂离子蓄电池可在-20~60℃工作。

7）锂离子蓄电池无记忆效应，而镍氢蓄电池有轻微的记忆效应。所以锂离子蓄电池每次充电前不必像镍氢蓄电池那样需要放电，可以随时随地进行充电。其充放电深度对蓄电池的寿命影响不大，可以全充全放。

8）锂离子蓄电池中基本不存在有毒物质，无污染，比铅酸蓄电池绿色环保。

9）锂离子动力电池的主要材料锂（Li）、锰（Mn）、铁（Fe）等在我国都是富产资源，为锂蓄电池汽车提供了材料保证，也对成本的控制起到相当大的作用。

10）我国的小功率锂离子蓄电池早已经产业化，形成了上下游结合的产业链，锂离子动力电池技术已经达到国际先进水平，产业化条件也基本成熟。

因此，无论是锂离子蓄电池本身特点，还是我国现状，都决定了发展锂离子动力电池将是我国新能源汽车产业化的主要方向。

此外，电极材料种类较大的选择空间也是锂离子蓄电池的一大特点，再加上锂离子蓄电池本身就具有质量小、体积小和高电压的特点，通过材料的选择和结构优化设计即能实现高功率输出和高容量，因此可以设计出与实际用途完全相符的结构及特性，这也是锂离子蓄电池的一大优势。

锂离子蓄电池的常见类型：按照正极材料进行分类有钴酸锂、锰酸锂、镍酸锂、磷酸铁锂、三元锂（镍钴锰酸锂）；按照电解质分类则有液态锂离子蓄电池、聚合物锂离子蓄电池。

上述锂离子蓄电池性能对比：

① 能量密度：三元锂＞钴酸锂＞磷酸铁锂＞锰酸锂
② 价格优势：三元锂＞钴酸锂＞锰酸锂＞磷酸铁锂
③ 安全性：磷酸铁锂＞锰酸锂＞三元锂＞钴酸锂
④ 循环寿命：磷酸铁锂＞三元锂＞锰酸锂＞钴酸锂

4. 燃料电池（图2-6）

燃料电池是一种将存在与燃料与氧化剂中的化学能直接转化为电能的发电装置。燃料和空气分别被送进燃料电池。通常燃料电池限制在电厂和叉车等工业领域使用。氢燃料电池基本原理是电解水的逆反应，把氢和氧分别供给阳极和阴极，氢通过阳极向外扩散和电解质发生反应后，放出电子，通过外部的负载到达阴极。电子达到阴极后，与氧原子和氢离子重新结合为水。由于供应给阴极板的氧可以从空气中获得，因此只要不断地给阳极板供应氢，给阴极板供应空气，并及时把水蒸气带走，就可以不断地提供电能。

5. 石墨烯蓄电池（图2-7）

石墨烯是由碳原子紧密堆积而成的二维晶体，是目前已知的最薄也最坚硬的纳米材料，它具有超薄、超轻、超柔韧、超高强度、超强导电性、优异的导热和透光性等特性，集透光性好、导热系数高、电子迁移率高、电阻率低、机械强度高等多种优异性能于一身，在电子学、光学、磁学、生物医学、催化、储能和传感器等诸多领域有着广阔而巨大的应用潜能，是主导未来高科技竞争的超级材料，被称为"黑金""新材料之王"。

石墨烯蓄电池是利用锂离子在石墨烯表面和电极之间快速大量穿梭运动的特性，开发出的一种新能源蓄电池。新型石墨烯蓄电池实验阶段的成功，无疑将成为蓄电池产业的一个新的发展点。蓄电池技术是电动汽车大力推广和发展的最大门槛，而蓄电池产业正处于铅酸蓄电池和传统锂蓄电池发展均遇瓶颈的阶段，石墨烯储能设备研制成功后，若能批量生产，则将为蓄电池产业乃至电动车产业带来新的变革。

图 2-6 燃料电池

图 2-7 石墨烯蓄电池

石墨烯是一种由碳原子结合形成的蜂窝状晶格结构,由于它所拥有的优异属性,被公认为是一种"神奇的材料"。它是电和热能的有效导体,有极轻的化学惰性,并且具有较大的表面积。它也被认为是环保和可持续的,有无限的潜力。在蓄电池领域,随着石墨烯的应用,传统的蓄电池电极材料(以及预期电极材料)性能有了显著的提高。

石墨烯可制造轻便、耐用、高容量的蓄电池,并能缩短充电时间。它将延长蓄电池的寿命,这与涂在材料上或添加到电极上以达到导电性的碳量无关,石墨烯在不需要常规蓄电池使用的碳量的情况下就能增加电导率。

石墨烯可以通过多种方式提高蓄电池的能量密度。锂离子蓄电池可以通过将石墨烯引入蓄电池的阳极,利用材料的电导率和大表面积特性来实现形态优化。

6. 超级电容器(图 2-8)

超级电容器是指介于传统电容器和蓄电池之间的一种新型储能装置,它既具有电容器快速充放电的特性,同时又具有蓄电池的储能特性。超级电容器是通过电极与电解质之间形成的界面双层来存储能量的新型元器件。当电极与电解液接触时,由于库仑力、分子间力及原子间力的作用,使固液界面出现稳定和符号相反的双层电荷,称其为界面双层。把双电层超级电容看成是悬在电解质中的 2 个非活性多孔板,电压加载到 2 个板上。加在正极板上的电势吸引电解质中的负离子,负极板吸引正离子,从而在两电极的表面形成了一个双电层电容器。双电层电容器根据电极材料的不同,可以分为碳电极双层超级电容器、金属氧化物电极超级电容器和有机聚合物电极超级电容器。

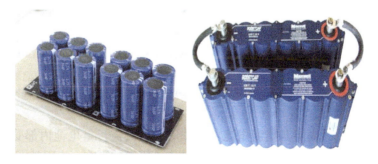

图 2-8 超级电容器

三、动力电池性能指标

动力电池作为汽车的动力源,在汽车上发挥重要作用,评价蓄电池性能主要看性能指标。

1. 电压（V）

开路电压：蓄电池在没有连接外电路或者外负载时的电压。开路电压与蓄电池的剩余能量有一定的联系，电量显示就是利用这个原理。

额定电压：蓄电池在标准条件下工作时达到的电压。

工作电压：蓄电池在工作状态下（即电路中有电流流过时）蓄电池正负极之间的电势差，又称负载电压。在蓄电池放电工作状态下，当电流流过蓄电池内部时，必须克服内阻的阻力，故工作电压总是低于开路电压。

放电电压：蓄电池接通负载后在放电过程中显示的电压。

放电终止电压：蓄电池充满后进行放电，放完电时达到的电压（若继续放电则为过度放电，对蓄电池寿命和性能有损伤）。

充电限制电压：充电过程中由恒流变为恒压充电的电压。

各类型单体蓄电池各工况电压见表2-5。

表2-5 各类型单体蓄电池各工况电压

常见蓄电池	开路电压/V	工作电压/V	放电终止电压/V	充电限制电压/V
单体铅酸蓄电池	2.1~2.2	2.0	1.7	2.3
单体镍镉蓄电池	1.4	1.2	1.0	1.5
单体镍氢蓄电池	1.4	1.2	1.0	1.5
单体锂蓄电池	4.1~4.2	3.6~6.7	2.6~2.7	4.2~4.3

2. 容量（Ah）

容量定义：单位体积或质量蓄电池所能给出的理论容量。容量是指蓄电池所能够储存的电量多少，是蓄电池电性能的重要指标，它由电极的活性物质决定，容量用C表示，单位用安时（Ah）或者毫安时（mAh）表示。

例如：容量为10Ah的蓄电池，以5A电流放电可放2h，以10A电流放电可放1h。

实际容量：蓄电池在一定条件下的输出能力。实际容量越大，车辆续驶里程越远，实际容量大于额定容量为合格蓄电池。蓄电池的实际容量主要取决于活性物质的数量、质量，以及活性物质的利用率。

标称容量：用来鉴别蓄电池的近似安时值。

额定容量：按国家和有关部门标准，保证电流在一定放电条件下，应该放出的最低限度容量，一般由制造商给定。

荷电状态：在蓄电池一定放电倍率下，剩余电流与相同条件下额定容量的比值。

3. 内阻（mΩ）

1）定义：蓄电池的内阻是指蓄电池在工作时，电流流过蓄电池内部受到的阻碍作用。内阻大小受蓄电池的材料、制造工艺、蓄电池结构等因素的影响。内阻越大，蓄电池工作内耗越大，蓄电池效率越低。

2）分类：蓄电池内阻包括欧姆内阻和极化内阻，欧姆内阻由电极材料、电解液、隔膜电阻及各部分零件的接触电阻组成，极化内阻包括电化学极化与浓差极化引起的电阻。

3）影响因素：蓄电池内阻是一个非常复杂而又非常重要的特性，影响内阻的因素有材料、制造工艺、蓄电池结构等。

4）产生结果：由于内阻的存在，当蓄电池放电时，电流经过内阻要产生热量，消耗能量，电流越大，消耗能量越多，所以内阻越小，蓄电池的性能越好，不仅蓄电池的实际工作电压高，消耗在内阻上的能量也少。图 2-9 所示为蓄电池内阻测量。

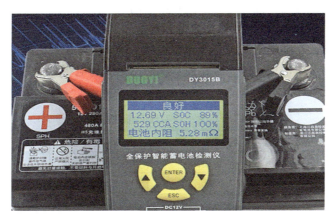

图 2-9　蓄电池内阻测量

4. 蓄电池能量（Wh）

1）定义：蓄电池能量是指蓄电池储存能量的多少，用 Wh 来表示。

2）公式：能量（Wh）= 额定电压（V）× 工作电流（A）× 工作时间（h）。

例如：3.2V 15Ah 单体蓄电池的能量为 48Wh。

3）理论能量：是蓄电池的理论容量与额定电压的乘积。

4）实际能量：蓄电池实际容量与平均工作电压的乘积。

蓄电池能量是衡量蓄电池带动设备做功的重要指标，容量不能决定做功的多少。

5. 能量密度

能量密度是指从蓄电池的单位质量或单位体积所获取的电能，用 Wh/kg、Wh/L 来表示。

例如某锂蓄电池质量为 325g，额定电压为 3.7V，容量为 10Ah，则其能量密度约为 113.8Wh/kg。常见蓄电池能量密度见表 2-6。

表 2-6　常见蓄电池能量密度

常见蓄电池	铅酸蓄电池	镍镉蓄电池	镍氢蓄电池	锂蓄电池
质量能量密度/（Wh/kg）	30~50	50~60	60~70	130~150
体积能量密度/（Wh/L）	50~80	130~150	190~200	350~400

6. 功率与功率密度

功率是指蓄电池在一定放电条件下，单位时间内蓄电池输出的能量，单位是 W 或 kW。

功率密度是指从蓄电池的单位质量或单位体积所获取的输出功率，用 W/kg、W/L 表示。

7. 放电倍率

放电倍率是指以放电电流的数值对额定容量数值的倍率表示的放电率。

例如额定容量为 10Ah 的蓄电池以 2A 放电，则放电倍率为 0.2C；以 20A 放电，则放电倍率为 2C。

8. 充电方式

恒流/恒压充电：恒流（CC）充电即以固定的电流对蓄电池充电；恒压（CV）充电即以固定的电压对蓄电池充电，充电电流会随着蓄电池接近充满逐渐下降。

涓流充电：以小于 0.1C 的电流对蓄电池充电，一般在蓄电池接近充满电时，进行补充充电时采用。若蓄电池对充电时间没有严格要求的话，建议采用涓流充电方式充电。

浮充电：随时对蓄电池用恒压充电，使其保持一定的荷电状态。

常见蓄电池的充电方式见表 2-7。

表 2-7 常见蓄电池的充电方式

常见蓄电池	铅酸蓄电池	镍镉蓄电池	镍氢蓄电池	锂蓄电池
充电方式	先恒流后恒压	恒流	恒流	先恒流后恒压
控制方法	电压 2.3V	恒温	恒温	电压 4.2V

9. 荷电状态与放电深度

荷电状态（State of Charge，SOC）：当前蓄电池中按照规定放电条件可以释放的容量占可用容量的百分比。

放电深度（Depth of Discharge，DOD）：表示蓄电池放电状态的参数，等于实际放电容量与额定容量的百分比。

深度放电（Deep Discharge）：表示蓄电池 50% 或更大的容量被释放的程度。

$$DOD = 100\% - SOC$$

例如，容量为 10Ah 的蓄电池，放电后容量变为 2Ah，即 DOD 为 80%；容量为 10Ah 的蓄电池，充电后容量为 8Ah，即 SOC 为 80%。

图 2-10 所示为某蓄电池组 SOC 是 27%，其蓄电池组的额定容量是 75Ah，那么该蓄电池组剩余的容量是 20.25Ah。

10. 自放电率

1）定义：蓄电池在储存过程中，容量会逐渐下降，其减少的容量占额定容量的比例，称为自放电率，用单位时间（月或年）内蓄电池容量下降的百分数来表示。

2）原因：由于电极在电解液中的不稳定性，蓄电池的两个电极会发生化学反应，活性物质被消耗，产生电能，化学能减少，蓄电池容量下降。

图 2-10 某蓄电池组 SOC

3）影响因素：环境温度对其影响较大，高温会加速蓄电池的自放电。

4）表示方法：%/月或%/年。

5）产生结果：蓄电池自放电将直接降低蓄电池的容量，自放电率直接影响蓄电池的储存性能，自放电率越低，储存性能越好。

若额定容量为 75Ah 的动力电池经过 1 年后，容量下降了 3Ah，则其自放电率 = 3/75 = 4%（图 2-11）。

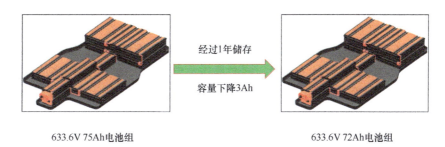

图 2-11 自放电率

11. 输出效率

动力电池作为储能器，充电时电能转化为化学能储存起来，放电时化学能转化为电能释放出来，在可逆的化学过程中，有能量消耗，因此有输出效率的高低。

12. 循环寿命

1）定义：在指定的充放电终止条件下，以特定的充放电制度进行充放电，动力电池在不能满足寿命终止标准前所能进行的循环数。

2）影响因素：不正确使用蓄电池、蓄电池材料、电解质的组成和浓度、充放电倍率、放电深度、温度、制造工艺等都会对蓄电池的循环寿命有影响。

13. 记忆效应

1）定义：蓄电池经过长期浅充浅放电循环后，进行深放电时，表现出明显的容量损失和放电电压下降，经数次全充/全放电循环后，电池特性即可恢复的现象。

2）原因：蓄电池内物质产生结晶，如镍镉蓄电池中，镉不断聚集成团形成大块金属镉，降低了负极的活性。

3）避免：为了消除蓄电池的记忆效应，在充电之前，必须先完全放电，然后再充电（如镍氢蓄电池）。锂离子蓄电池无记忆效应，可随充随放。

14. 放电平台

放电平台指放电曲线中电压基本保持水平的部分。放电平台越高、越长、越平稳，蓄电池的放电性能越好。

15. 蓄电池组的一致性

多个单体蓄电池串联、并联在一起就组成了蓄电池组。蓄电池组的整体性能和寿命取决于其中性能较差的单体蓄电池，这就要求蓄电池组中每个单体蓄电池性能的一致性要高。单体蓄电池本身性能误差的大小、原材料质量的好坏、制造工艺是否先进都能决定蓄电池质量的优劣。

16. 化成

蓄电池制成后，通过一定的充放电方式将其内部正负极活性物质激活，改善蓄电池的充放电性能及自放电、储存等综合性能的过程称为化成。蓄电池经过化成后才能体现其真实的性能。同时化成过程中的分选过程能够提高蓄电池组的一致性，使最终蓄电池组的性能提高。

四、动力电池结构与原理

动力电池的直接作用是为电动汽车提供动力来源,自然而然要求其必须具有高能量、高功率、高能量密度;工作温度范围宽(-20~60℃);使用寿命长(要求6~10年);安全可靠性高等。由于动力电池是电动汽车的动力源,用于驱动车辆行驶,因此动力电池系统设计要以满足整车动力和其他设计为前提,同时考虑蓄电池系统自身的内部结构、外部结构、整车空间和安全及管理等方面设计。考虑到动力电池质量大、体积大和整车空间布局有限,所以大部分纯电动汽车的动力电池都安装在车身底部(图2-12)。

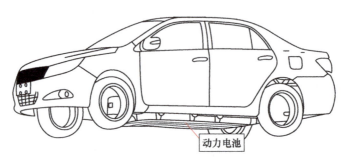

图2-12 动力电池在整车的位置

整车厂针对要设计的整车,一般会在考虑安全设计、线束连接线设计、插接件设计等相关要求后,设计一个有限的动力电池系统空间大小,然后在有限的空间约束下,对蓄电池组、蓄电池管理系统、热管理系统、高压系统等进行布置。为了保证单体蓄电池及蓄电池组均匀散热,保证蓄电池的一致性,提高蓄电池系统的寿命与安全,设计时要考虑到一些整体和通用性原则,包括安全性好、高比能量、高比功率、温度适应性强、使用寿命长、安装维护性强、综合成本低等。

因此,纯电动汽车的动力电池系统整体结构一般由蓄电池组(含单体蓄电池、串联线等)、蓄电池信息采集器(BIC)、托盘、防火隔热棉、密封盖、高压维修开关、冷却管道等组成(图2-13)。总正、总负接触器图中未指出。

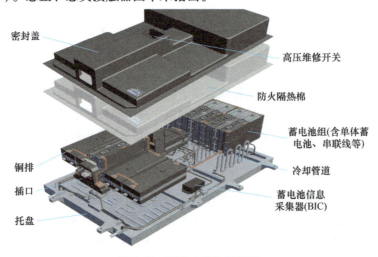

图2-13 动力电池整体结构

1. 单体蓄电池

单体蓄电池（图2-14）是直接将化学能转化为电能的基本单元装置，包括电极、隔膜、电解质、外壳和端子，并被设计成可充电。

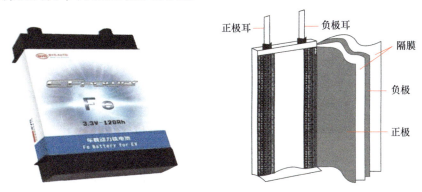

图2-14　单体蓄电池

单体蓄电池形状主要分为圆柱形、方形以及软包3种，它们各自的优缺点也十分明显（表2-8）。在一定程度上，单体蓄电池的性能决定了蓄电池组的性能进而影响整个动力电池系统的性能。因此在进行动力电池系统设计时，一定要根据整车的设计要求去选择单体蓄电池的材料及形状。

表2-8　圆柱形、方形以及软包单体蓄电池优缺点

单体蓄电池形状	圆柱形	方形	软包
优点	工艺成熟度高、生产效率高、过程控制严格，成品率及单体蓄电池一致性高。壳体结构成熟，工艺制造成本低	对单体蓄电池的保护作用高，可以通过减少单体蓄电池的厚度保证内部热量的快速传导，单体蓄电池的安全性能有较大的改善	外部结构对单体蓄电池的影响小，单体蓄电池性能优良；封装采用的材质质量要求小，蓄电池的能量密度最高
缺点	集流体上电流密度分布不均匀，会造成内部各部分反应程度不一致；单体蓄电池内部产生的热量很难快速释放，累积会造成蓄电池的安全隐患	壳体在单体蓄电池总重中所占的比重较大，会导致单体蓄电池的能量密度较低，内部结构复杂，自动化工艺成熟度相对较低	大容量蓄电池密封工艺难度增加，可靠性相对较差；所采用的铝塑复合封装膜机械强度低，铝塑复合膜的寿命制约了蓄电池的使用寿命

2. 串联线

串联线就是把动力电池里各个蓄电池组按照串联的方式连接在一起组成一个动力电池包，其材料要求耐高温、耐腐蚀、导电性好。

3. 蓄电池组

蓄电池组是将一个以上单体蓄电池按照串联、并联或串并联方式组合，并作为电源使用的组合体。蓄电池组外观如图2-15所示。

要通过电动汽车的动力需求以及各种用电设备等所需消耗电力以及使用温度来确定蓄电池系统的容量。在进行蓄电池组设计时要考虑到动力电池的温度特性，因为动力电池在不同

图 2-15 蓄电池组外观

温度下输出/输入会发生变化。同时其容量、输出性能会随使用时间逐渐退化。蓄电池的性能与选择一旦出现设计错误，将不能满足低温时的加速性能和爬坡性能，并且当蓄电池老化时还会给系统性能造成影响。蓄电池组由多个单体蓄电池串并联组合而成，圆形单体蓄电池和方形单体蓄电池组成的蓄电池组如图 2-16 所示。

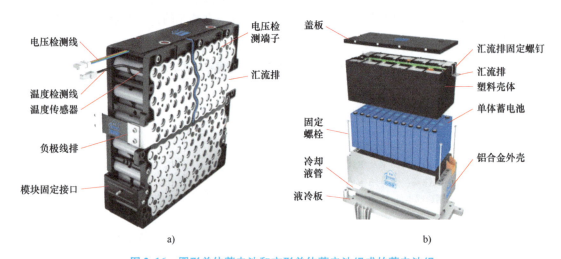

图 2-16 圆形单体蓄电池和方形单体蓄电池组成的蓄电池组

蓄电池组按其布置的排列数来分又可以分为单列模组和双列模组（图 2-17）。

4. 蓄电池信息采集器（BIC）

蓄电池信息采集器（BIC）（图 2-18）主要对各单体蓄电池进行电压和温度的采集，再把采集到的数据通过 CAN 网络发送到蓄电池管理系统（BMS），以便 BMS 的监控与管理。

（1）电压采集的作用　为保证电动汽车正常和安全行驶，蓄电池管理系统必须实时监测电动汽车蓄电池的电压数据（一般是通过电压采集电路实现电压数据的获取）。由于"水桶效应"的存在，串联蓄电池组的整体性能取决于蓄电池组中性能最差的单体蓄电池，为了能够对串联蓄电池组的能量使用进行有效管理，需要实时监视蓄电池组中单体蓄电池的状态。

单体电压的测量对于蓄电池管理系统有如下意义：一是可以用来累计获得整个蓄电池组的电压；二是可以根据单体蓄电池电压压差来判断单体蓄电池差异性；三是可以用来检测单

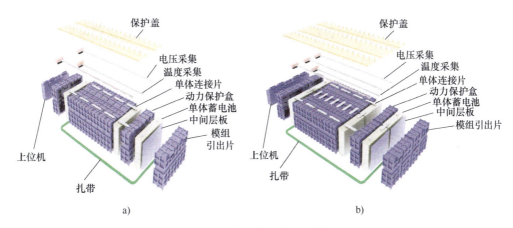

图 2-17　单列模组与双列模组
a) 单列模组　b) 双列模组

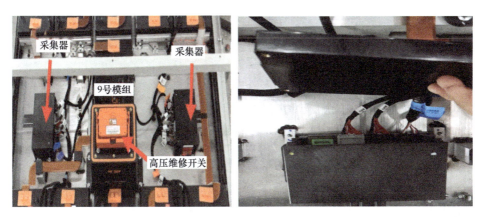

图 2-18　蓄电池信息采集器（BIC）

体蓄电池的运行状态。

（2）温度采集的作用　动力电池对工作温度是极其敏感的，过高的温度将会导致蓄电池外壳破裂，发生漏液、爆炸等安全事故；过低的温度将导致电解液凝固，使得充电或者放电无法进行。在蓄电池管理系统中，除了应针对蓄电池本身进行温度监测，还应对环境温度、蓄电池箱的温度等进行监测，这在蓄电池的剩余容量评估、安全保护等方面具有非常重要的意义。

温度的采集主要是通过在蓄电池包中安装传感器来检测蓄电池包特定位置的温度，判断动力电池的工作状态、内部温度及工作环境温度是否正常，防止电动汽车蓄电池组因温度过高而引发安全事故。

5. 托盘

托盘由槽壳承重梁组件、连接梁、护板组成。托盘结构作为一个整体，将标准蓄电池包通过转接支架与底盘纵梁固定。其优点是架构简单，设计合理，能将标准蓄电池包的固定托盘标准化，提高了蓄电池包托盘的通用性；托盘的尺寸及固定孔位，可以根据标准蓄电池包的需求调整，其结构形式不变，极大地提高了蓄电池固定托盘的适配性；同时,该托盘还有护板,可以防护蓄电池底部,避免道路突起、飞石等损伤蓄电池包;此外护板上的孔位还可以作为托盘各部分拼接时的定位孔,以保证托盘拼接后蓄电池包安装孔位的准确。

6. 防火隔热棉

动力电池的防火隔热棉要求具有轻、阻燃、低导热率、耐候性强、抗高低温、安装便捷等特点。

7. 密封盖

由于纯电动汽车的动力电池的电压一般都能高达200V以上,所以蓄电池箱体必须密封防水,以防止进水导致电路短路。其密封盖防护等级要求达到IP67级。

8. 高压维修开关

高压维修开关(图2-19)的主要作用是在紧急情况下或者在维修的时候切断高电压的输出,故又称为紧急维修开关。

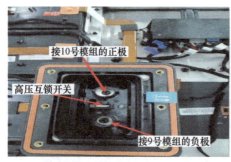 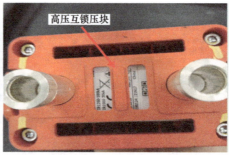

图2-19 高压维修开关

比亚迪e5高压维修开关位置　　高压维修开关插拔

因涉及高压安全,故紧急维修的规范操作是非常重要的,不规范的操作不仅可能造成车辆故障,还有可能出现高压拉弧等危险,高压维修开关规范操作如下。

1)高压维修开关是特殊情况(如车辆维修、漏电报警等情况)下才使用的,在非特殊情况下不允许对高压维修开关进行操作。

2)高压维修开关的操作应由专业人员进行,操作人员应该进行过相关培训。

3)操作时,操作人员必须佩戴必要的劳保用品(如绝缘手套、绝缘胶鞋等),其电压等级必须大于蓄电池组的最高电压,用前需要检查其是否完好无损,以确保安全。

4)拔下高压维修开关手柄后,必须妥善保管,直至检修完毕,以避免误操作。

5)拆下高压维修开关之后,必须等待至少10min后方能进行维修操作,以确保高压电路的余电已释放,如果条件允许,建议等待时间为30min。

推荐的操作步骤:断开点火开关,并将钥匙移出智能钥匙系统探测范围;断开低压蓄电池负极端子,并用绝缘胶布包好负极;确认绝缘手套不漏气后佩戴;断开高压维修开关;将高压维修开关保存于自己口袋当中;等待10min或更长时间,以便高压部件总成内部电容放电;最后进行维修操作。

9. 冷却管道

蓄电池系统由于其自身有一定的内阻，在输出功率、电能的同时会产生一定的热量，从而产生热量累积使蓄电池温度升高，空间布置的不同将使得各处蓄电池温度并不一致。当蓄电池温度超出其正常工作温度区间时，必须限功率工作，否则会影响蓄电池寿命。为了保证蓄电池系统的性能和寿命，同时使蓄电池系统在适宜的温度下工作，确保其输出最优的功率和电能，所以一般采用冷却管道通过空调制冷系统对蓄电池包进行冷却。冷却管道除了可以给蓄电池包冷却外，还可以在车辆处在低温状态时，通过空调制热系统对蓄电池包进行一定的加热升温，保证蓄电池包始终处于适宜的温度环境。蓄电池包冷却管道如图2-20所示。

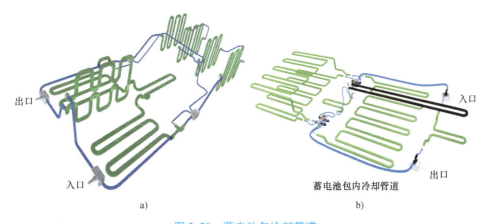

图2-20 蓄电池包冷却管道

10. 总正、总负接触器

纯电动汽车中，接触器是一种用小电流控制大电流的装置，也属于一种继电器，其一般由BMS进行控制。总正接触器存在于蓄电池包放电正极电路，而总负接触器存在于蓄电池包放电负极电路，由蓄电池管理系统控制它们的接通与断开，从而控制动力电池能量的输出、输入。在上电过程中，一般是总负接触器先接合，总正接触器后接合，而在下电时，一般是总正接触器先断开，总负接触器后断开。电动汽车接触器外观和高压大电流接触器工作原理分别如图2-21和图2-22所示。

图2-21 电动汽车接触器外观

由于不同种类电动汽车的结构和工作模式不同，因此对动力电池的性能要求也不一样。纯电动汽车行驶完全依赖于动力电池系统的能量，蓄电池系统容量越大，可以续航里程越长，但所需蓄电池系统的体积和质量也越大。虽然混合动力汽车对动力电池系统的容量要求比纯电动汽车要低，但也要求其能够在某些时候提供较大的瞬间功率。串联式和并联式混合

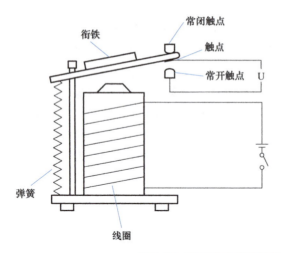

图 2-22 高压大电流接触器工作原理

动力汽车对蓄电池系统的要求又有所区别。

因此动力电池系统的设计流程一般如下：1）先确定整车的设计要求；2）然后确定车辆的功率及能量要求；3）选择所能匹配的合适单体蓄电池；4）确定蓄电池组的结构形式；5）确定蓄电池管理系统设计及热管理系统设计要求；6）仿真模拟及试验验证。

纯电动汽车的动力电池中，镍氢蓄电池、磷酸铁锂蓄电池、三元锂蓄电池、石墨烯蓄电池、超级电容器将占据市场主导地位。

五、镍氢蓄电池的结构与基本原理

1. 镍氢蓄电池的结构（图2-23）

正极：氢氧化物。

负极：贮氢合金。

电解质：KOH 水溶液。

隔膜：尼龙纤维、聚丙烯纤维、维纶纤维。

2. 镍氢蓄电池的基本原理

镍氢蓄电池以金属氢化物为负极活性材料，以 $Ni(OH)_2$ 为正极活性材料，以氢氧化钾溶液为电解质。

充放电机理：充电时由于水的电化学反应生成氢原子，并立即扩散到合金中，形成金属氢化物（MH），实现负极储氢；镍电极活性物质 $Ni(OH)_2$ 释放出一个质子，转变为充电态的 NiOOH；而放电时氢化物分解出的氢原子又在合金表面氧化为水，NiOOH 吸收一个质子还原为 $Ni(OH)_2$。

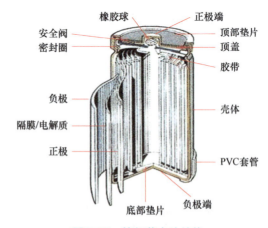

图 2-23 镍氢蓄电池结构

镍氢蓄电池在充放电过程中的电化学应如下。

正极反应：

$$Ni(OH)_2 + OH^- \underset{\text{放电}}{\overset{\text{充电}}{\rightleftharpoons}} NiOOH + H_2O + e^-$$

负极反应：

$$M + H_2O + e^- \underset{\text{放电}}{\overset{\text{充电}}{\rightleftharpoons}} MH + OH^-$$

蓄电池总反应：

$$Ni(OH)_2 + M \underset{\text{放电}}{\overset{\text{充电}}{\rightleftharpoons}} NiOOH + MH$$

从上面的方程式我们可以看出，在反应过程中，水参与正负极的反应，但在整个反应过程中，水是平衡的，没出现水的消耗，所以可以使蓄电池实现免维护。

蓄电池的密封设计是采用负极过量，正极限制原理。在蓄电池充电后期即过充时，正极上逸出氧气而负极不逸出氢气或少量氢。

当蓄电池处于过放电时，正极上逸出氢气，反应如下：

$$H_2O + e^- \longrightarrow OH^- + 1/2 H_2$$

同时负极对应的反应如下：

$$MH_n + OH^- \longrightarrow MH_{n-1} + H_2O + e^-$$

$$MH_{n-1} + 1/2 H_2 \longrightarrow MH_n$$

因此蓄电池这种固有的内循环特性，满足了蓄电池设计上可以采用免维护、密封贫液结构。

为保持蓄电池在使用期间内压维持在较低的范围内，除了蓄电池结构设计上应留有足够的空间外，考虑到气体复合速率通过液相扩散要比在气相中慢得多，因此在极片上还应采用特殊的结构设计，以满足在气相复合的空间条件下提供大量的催化反应的活性质点。根据方形动力电池的特点，在隔膜的选择上，综合考虑耐碱性、透气性、电导性和强度等性能，应选用 PP 接枝膜。

过充电和过放电反应如下。

过充电正极：

$$4OH^- \longrightarrow 2H_2O + O_2 + 4e^-$$

过充电负极：

$$O_2 + 2H_2O + 4e^- \longrightarrow 4OH^-$$

$$4MH + O_2 \longrightarrow 4M + 2H_2O$$

过放电正极：

$$H_2O + e^- \longrightarrow 1/2 H_2 + OH^-$$

过放电负极：

$$2M + H_2 \longrightarrow 2MH$$

$$MH + OH^- \longrightarrow H_2O + M + e^-$$

3. 镍氢蓄电池组过充电的危害

在同样的充电条件下，镍氢蓄电池的发热情况比镍镉蓄电池要严重得多。过充量越大，产生的热量越多，蓄电池温度也越高。蓄电池长期在高温环境下工作，循环寿命会迅速降低；高温下充电效率降低，会推动蓄电池温度进一步升高，最终可能会出现热失控而出现安全问题。

镍氢蓄电池最大的缺点就是自我放电损耗大，所以目前镍氢蓄电池慢慢退出纯电动汽车动力电池的市场。

六、磷酸铁锂蓄电池的结构与基本原理

1. 磷酸铁锂蓄电池的结构

磷酸铁锂（$LiFePO_4$）蓄电池一般包括：正极、负极、电解质、隔膜、正极引线、负极引线、中心端子、绝缘材料、安全阀、密封圈、正温度控制端子、蓄电池壳等。其中正极、负极、电解质以及隔膜的不同或者它们的工艺不同，蓄电池的性能和价格也不同。磷酸铁锂（$LiFePO_4$）蓄电池又简称LFP。磷酸铁锂蓄电池内部结构图如图2-24所示。

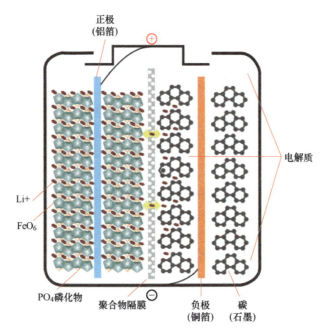

图2-24　磷酸铁锂蓄电池内部结构图

2. 磷酸铁锂蓄电池的基本原理

磷酸铁锂蓄电池的工作原理是：蓄电池充电时，正极中的锂离子脱出来，经过电解质，穿过隔膜进入到负极材料中；蓄电池放电时，锂离子又从负极中脱离出来，经过电解质，穿过隔膜回到正极材料中。

从磷酸铁锂蓄电池的工作原理可知，磷酸铁锂蓄电池的充放电过程需要锂离子和电子的共同参与，而且锂离子的迁移速度与电子的迁移速度要平衡，这就要求锂离子蓄电池的正负电极必须是离子和电子的混合导体，而且其离子导电能力和电子导电能力必须一致。但是磷酸铁锂的导电性能很差，而石墨负极的导电性虽然要好一些，但是要实现大倍率放电，仍然需要改善负极的导电性，使其电子导电能力与锂离子从石墨中脱嵌的能力平衡。

3. 磷酸铁锂蓄电池的优势

1）超长寿命；铅酸蓄电池的循环寿命在300次左右，最高也就500次，而磷酸铁锂蓄电池在室温下充放电循环寿命可达2000次，容量保持率80%以上，是铅酸蓄电池5倍，镍氢蓄电池的4倍，钴酸锂蓄电池的4倍，锰酸锂蓄电池的4~5倍。

2）安全性高；磷酸根化键的结合力比传统的过渡金属氧化物结合化学键强，所以结构更加稳定，并且不易释放氧气。磷酸铁锂蓄电池在高温下稳定，保证了蓄电池内在的高安全性，不会因过充、温度过高、短路、撞击而产生爆炸或燃烧。

3）环保且不需要稀有金属；磷酸铁锂蓄电池不含任何重金属（铁除外）或稀有金属，无毒，无污染，为环保蓄电池。

4）充电速度快，自放电少，无记忆效应；磷酸铁锂蓄电池可大电流快速充放电，在专用充电器下，2C充电30min即可使蓄电池充满95%，起动电流可达2C。

5）体积小，质量小，商品设计可轻量化，体积是相同容量铅酸蓄电池的2/3，也较镍氢蓄电池体积小；质量是相同容量铅酸蓄电池的1/3，镍氢蓄电池的2/3左右。

6）单体蓄电池电压高，放电平台稳定。磷酸铁锂蓄电池的单体蓄电池电压为3.2V，蓄电池组可靠性高，大电流高功率充放电和高倍率放电特性好；10C充放电效率达到96%以上，容量保持率90%以上，可实现10C放电。

4. 磷酸铁锂蓄电池的劣势

1）导电性差、锂离子扩散速度慢。高倍率充放电时，容量低。

2）振实密度较低，一般只能达到0.8~1.3，低振实密度是磷酸铁锂蓄电池很大的缺点。

3）一致性问题严重。单体磷酸铁锂蓄电池寿命目前超过2000次，但是制作出来的蓄电池一致性不佳，进而会影响到蓄电池组的使用性能和整体寿命。

4）磷酸铁锂蓄电池低温性能差。磷酸铁锂蓄电池材料的固有特性，决定其低温性能劣势于用锰酸锂等其他正极材料的蓄电池。一般情况下，对于单体蓄电池，其0℃时的容量保持率为60%~70%，−10℃时为40%~55%，−20℃时为20%~40%。这样的低温性能显然不能满足动力电源的广泛使用需求。

5）制造成本高。磷酸铁锂目前的制造成本相对锰酸锂、钴酸锂蓄电池要高，其主要原因是其材料粒度小，振实密度小，比表面积大，材料的加工性能不好，涂敷量低，导致蓄电池成本增加；单体磷酸铁锂蓄电池电压只有3.2V，比锰酸锂、钴酸锂蓄电池低20%左右，对于同样的蓄电池组总电压，单体蓄电池要多用20%，导致蓄电池组成本上升较多。

七、三元锂蓄电池的结构与基本原理

1. 三元锂蓄电池的结构

"三元锂蓄电池"全称是"三元聚合物锂蓄电池"，三元聚合物锂蓄电池是指正极材料使用镍钴锰酸锂三元正极材料的锂蓄电池，里面镍钴锰的比例可以根据实际需要调整，三元材料做正极的蓄电池相对于钴酸锂蓄电池安全性要高。

三元锂蓄电池结构如图2-25所示。

镍钴锰三元材料通常可以表示为 $LiNi_xCo_yMn_zO_2$，其中 $x+y+z=1$。

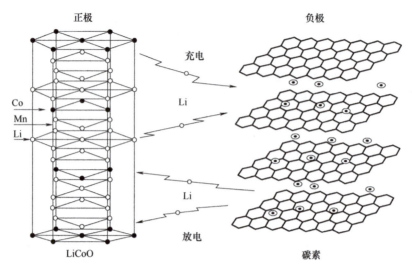

图 2-25 三元锂蓄电池结构

依据 3 种元素的摩尔比（$x:y:z$ 比值）的不同，分别将其称为不同的体系，如镍钴锰摩尔比（$x:y:z$）为 1∶1∶1 的三元材料，称为 333 型；摩尔比为 5∶2∶3 的三元材料，称为 523 型等。333 型、523 型和 811 型等三元材料均属于六方晶系的 α-$NaFeO_2$ 型层状岩盐结构。

例如：NCM811 蓄电池中的"811"指的是蓄电池的电极材料，其正极材料主要是用 80% 的镍、10% 的钴和 10% 的锰组成，即镍钴锰摩尔比为 8∶1∶1。

2. 三元锂蓄电池的基本原理

镍钴锰三元材料中，3 种元素的主要价态分别是 +2 价、+3 价和 +4 价，Ni 为主要活性元素。其充电时的反应及电荷转移如下。

正极反应：

$$LiMO_2 \longrightarrow Li_{1-x}MO_2 + xLi^+ + xe^-$$

负极反应：

$$nC + xLi^+ + xe^- \longrightarrow Li_xC_n$$

蓄电池总反应：

$$LiMO_2 + nC \longrightarrow Li_{1-x}MO_2 + Li_xC_n$$

它的阳极采用能吸藏锂离子的碳极，放电时，锂变成锂离子，脱离蓄电池阳极，到达锂蓄电池阴极。锂离子在阳极和阴极之间移动，电极本身不发生变化。这是三元锂蓄电池与金属锂蓄电池本质上的差别。三元锂蓄电池的阳极为石墨晶体，阴极通常为二氧化锂。充电时，阴极中锂原子电离成锂离子和电子，并且锂离子向阳极运动与电子合成锂原子。放电时，锂原子从石墨晶体内阳极表面电离成锂离子和电子，并在阴极处合成锂原子。所以，在该蓄电池中锂永远以锂离子的形态出现，不会以金属锂的形态出现。

三元锂蓄电池循环性能好于正常钴酸锂蓄电池，前期由于技术原因其标称电压只有 3.5~3.6V，在使用范围方面有所限制，但目前，随着配方的不断改进和结构完善，该蓄电池的标称电压已达到 3.7V，在容量上已经达到或超过钴酸锂蓄电池水平。

3. 三元锂蓄电池正确的充电方法

1）用配套的充电器将三元锂蓄电池充满后，再辅充 1h，就可以了。
2）放电到还剩 20% 左右时，再充电，过度放电会损坏三元锂蓄电池。
3）三元锂蓄电池充电时尽量一次充满。

单体三元锂蓄电池的最高充电终止电压为 4.2V，不能过充，否则会因正极的锂离子丢失太多而使蓄电池报废。对锂蓄电池充电时，应采用专用的恒流、恒压充电器，先恒流充电至锂蓄电池两端电压为 4.2V 后，再转入恒压充电模式；当恒压充电电流降至 100mA 时，应停止充电。

放电时锂离子不能全部移向正极，必须保留一部分锂离子在负极，以保证在下次充电时锂离子能够畅通地嵌入通道，否则，蓄电池寿命会缩短。为了保证石墨层中放电后留有部分锂离子，就要严格限制放电终止最低电压，也就是说锂蓄电池不能过放电。单体三元锂蓄电池的放电终止电压通常为 3.0V，最低不能低于 2.5V。蓄电池放电时间长短与蓄电池容量、放电电流大小有关。蓄电池放电时间（小时数）= 蓄电池容量/放电电流，且锂蓄电池放电电流（mA）不应超过蓄电池容量的 3 倍。例如：1000mAh 的锂蓄电池，放电电流应严格控制在 3A 以内，否则会使蓄电池损坏。

八、三元锂蓄电池和磷酸铁锂蓄电池对比

三元锂蓄电池和磷酸铁锂蓄电池各自特性不同，主要矛盾集中在"能量密度"和"安全性"上。三元锂蓄电池能量密度更大，但安全性经常受到怀疑。磷酸铁锂蓄电池虽然能量密度小，但更安全。所谓"安全性"的差异，主要体现在正极材料上。

这两种蓄电池的正极材料都会在达到一定温度时发生分解。三元锂蓄电池正极材料会在 200℃ 左右发生分解，并且三元锂蓄电池的正极材料的化学反应更加剧烈，会释放氧分子，在高温作用下电解质迅速燃烧，发生连锁反应。而磷酸铁锂蓄电池的正极会在 700~800℃ 时发生分解，但不会像三元锂蓄电池正极材料一样释放氧分子，燃烧没那么剧烈。简单来说就是三元锂材料比磷酸铁锂材料更容易着火。

从总的趋势来看，国内车企乘用车纷纷转向使用三元锂蓄电池，包括北汽、比亚迪、江淮等车企。相应的供应商也在加速三元锂蓄电池的生产，例如惠州的亿纬锂能在半年报中透露，二期工厂将主要生产三元锂蓄电池。

磷酸铁锂蓄电池越来越多地活跃在电动客车市场。2019 年 11 月，磷酸铁锂蓄电池的电动客车装机量占到了 64.9%，三元锂蓄电池装机量只有 27.6%。相反，在纯电动乘用车市场，三元锂蓄电池在 2019 年 11 月的装机量超过 76%。

如果单纯认为三元锂蓄电池不安全，是不太合适的。三元锂材料容易热解，但是不代表三元锂蓄电池不安全；磷酸铁锂材料不易热解，但是不代表磷酸铁锂蓄电池就是安全的。

动力电池的安全，是一个系统问题，不只是材料的问题。纯电动客车自燃事故中，有的是三元锂蓄电池，也有的是磷酸铁锂蓄电池。事故并不能说明某种蓄电池是失败的，因为涉及因素太多，燃油汽车自燃事故也数不胜数。

受工艺水平限制，不可能把所有单体蓄电池一致性保持在 100%。因此，如何阻止失效单体蓄电池危害其他单体蓄电池是值得研究的问题。

锂蓄电池性能对比见表2-9。各动力电池性能对比见表2-10。

表2-9 锂蓄电池性能对比

各项指标参数对比	锂蓄电池类型			
	钴酸锂	磷酸铁锂	锰酸铁锂	18650 三元锂
质量能量密度/(Wh/kg)	150~160	100左右	100~110	150~200
安全性	低	高	中等	中等
热稳定性	180℃分解	500~600℃分解	180~250℃分解	250~350℃分解
循环寿命	低	高	中等	中等
成本	高	低	中等	低
布置灵活性	中等	中等	中等	高
代表车型	/	比亚迪e6	Leaf/普锐斯三代	TESLA Model S
供应商（高市场占有率）	松下	比亚迪/万向A123	松下/AESC	TESLA/松下/三星
典型缺点	安全性、稳定性差	能量密度低、低温性差	能量密度低、电解质相容性差	/

表2-10 各动力电池性能对比

动力电池类型	单体蓄电池电压/V	质量能量密度/(Wh/kg)	体积能量密度/(Wh/L)	循环寿命/次	每月自放电率	有害物质
铅酸蓄电池	2	30~45	60~90	300~500	4%~5%	铅
镉镍蓄电池	1.2	40~60	100~150	500~1000	20%~30%	镉
镍氢蓄电池	1.2	60~80	150~200	500~1000	30%~35%	/
锂离子蓄电池	3.7	110~190	250~500	500~2000	<5%	/

目前，市场上常见的电动汽车蓄电池有磷酸铁锂蓄电池、三元锂蓄电池和锰酸锂蓄电池。这三种蓄电池各有优缺点，不过购车者可以根据不同的优缺点选择不同的蓄电池。

三元锂蓄电池在纯电动汽车上的应用越来越广泛。充电时间长，续航里程较短仍是目前电动汽车的一大弊端，所以采用新技术的动力电池还是有待研发，例如石墨烯蓄电池、超级电容器研发成功后将大大缩短纯电动汽车的充电时间，提高纯电动汽车的续航里程。

九、石墨烯蓄电池的结构与基本原理

1. 石墨烯蓄电池的结构

石墨烯是一种由碳原子结合形成的蜂窝状晶格结构，拥有很多优异的属性，被公认为是一种"神奇的材料"。它是电和热能的有效导体，极轻的化学惰性，并且具有较大的表面积。它也被认为是环保和可持续的，有无限的可能性，无数的应用。

石墨烯蓄电池结构如图2-26所示。

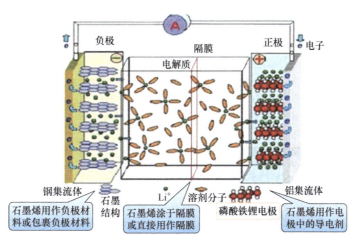

图 2-26 石墨烯蓄电池结构

2. 石墨烯蓄电池的基本原理

铜离子具有双重正电荷，穿过溶液的速度约 300m/s，因为溶液在室温下的热能量，当离子猛烈撞入石墨烯带时，碰撞会产生足够的能量，使不在原位的电子离开石墨烯。电子有两种选择：可以离开石墨烯带和铜离子结合，也可以穿过石墨烯，进入电路。流动的电子在石墨烯中更快，可以超过它穿过溶液的速度，所以电子会穿过电路，即释放的电子更倾向于穿过石墨烯表面，而不是进入电解液。设备就是这样产生电压的。

石墨烯具有优异的光学、电学、力学特性，在材料学、微纳加工、能源、生物医学和药物传递等方面具有广阔的应用前景，被认为是一种未来革命性的材料。我国石墨烯产业起步较早，产业链初步形成，整体呈现出蓬勃发展的势头，下游生产企业已经有能力参与全球石墨烯市场的竞争，并在石墨烯的研究和生产等方面取得了较为领先的优势。这是我国为数不多的能与国际先进国家基本处于同步阶段的新型产业。

从石墨烯发展现状来看，截至目前，全球有 80 多个国家和地区开展石墨烯研究，总体上，前期世界各国的支持政策主要集中在石墨烯基础研究，重点开发石墨烯的制备技术等；当前大多集中在石墨烯产业链中游，以石墨烯功能器件研发为主，重点推动石墨烯产业向下游转移；预计未来 5~10 年，各国对石墨烯行业的支持仍将集中在石墨烯中游产业链，以进一步加快石墨烯产业化。

石墨烯产业化与材料革命正处于突破的前夜，虽然目前石墨烯的应用还没有大规模投入市场，也有风险和不确定性，但未来的发展潜力巨大。蓄电池市场体量巨大，因此石墨烯在该领域的前景十分广阔。

十、超级电容器的结构与基本原理

1. 超级电容器的结构

由于制造商或特定的应用需求不同，超级电容器结构上的具体细节也会不同。但所有超级电容器的共性是都包含一个正极、一个负极，以及这两个电极之间的隔膜，电解质填补由这两个电极和隔膜分离出来的孔隙。

超级电容器的结构如图 2-27 所示。超级电容器由高比表面积的多孔电极材料、多孔性蓄电池隔膜及电解质组成。隔膜应满足具有尽可能高的离子电导和尽可能低的电子电导的条件，一般为纤维结构的电子绝缘材料，如聚丙烯膜。电解质的类型根据电极材料的性质进行选择。

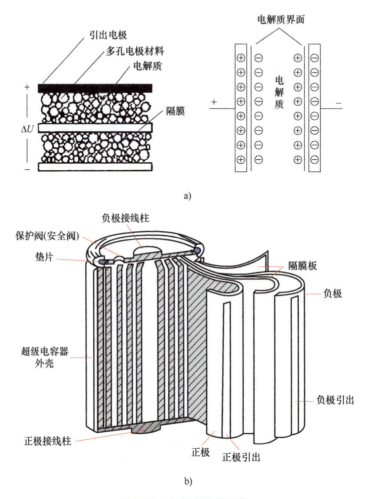

图 2-27 超级电容器结构

2. 超级电容器的基本原理

超级电容器的原理如图 2-28 所示。

超级电容器是一种电化学储能设备，由一组串联的电容器、隔膜以及电解液组成。当超级电容器充电时，电解液中的正离子被吸引到负极，电子被吸引到正极，从而产生静电动势，当需要电能的时候，正、负极上的电荷被外电路释放，此时超级电容器提供电能。

双电层电容器是在电极/溶液界面通过电子或离子的定向排列造成电荷的对峙而产生的。对一个电极/溶液体系，会在电子导电的电极和离子导电的电解质溶液界面上形成双电层。当在两个电极上施加电场后，溶液中的阴、阳离子分别向正、负电极迁移，在电极表面形成双电层；撤销电场后，电极上的正负电荷与溶液中的相反电荷离子相吸引而使双电层稳定，在正负极间产生相对稳定的电位差。这时对某一电极而言，会在一定距离内（分散层）产

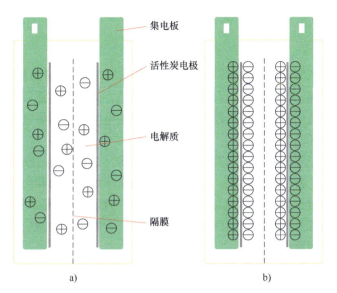

图 2-28 超级电容器的原理
a）充电前 b）充电后

生与电极上的电荷等量的异性离子电荷，使其保持电中性；当将两极与外电路连通时，电极上的电荷迁移会在外电路中产生电流，溶液中的离子迁移到溶液中呈电中性，这便是双电层电容器的充放电原理。

3. 超级电容器的优点

1）质量功率密度高，可达 $102 \sim 104 W/kg$。

2）循环寿命长。在几秒钟的高速深度充放电循环 50 万次至 100 万次时，超级电容器的特性变化很小，容量和内阻仅降低 $10\% \sim 20\%$。

3）工作温度范围宽。由于在低温状态下超级电容器中离子的吸附和脱附速度变化不大，因此其容量变化远小于蓄电池。商业化超级电容器的工作温度范围可达 $-40℃ \sim 80℃$。

4）免维护。超级电容器充放电效率高，对过充电和过放电有一定的承受能力，可稳定地反复充放电，在理论上是不需要进行维护的。

5）绿色环保。超级电容器在生产过程中不使用重金属和其他有害的化学物质，且自身寿命较长，因此是一种新型的绿色环保电源。

6）充电速度快，充满其额定容量的 95% 仅需 $10 \varepsilon \sim 10 min$。

7）高充放电效率。由于内阻很小，所以其充放电损耗也很小，具有很高的充放电效率，可达 90% 以上。

8）检测控制方便。其剩余电量可通过公式直接算出，只需要检测端电压就可以确定所储存的能量，荷电状态（SOC）的计算简单准确，因此易于能量管理与控制。

4. 超级电容的缺点

自放电率高是超级电容器的主要缺点之一，极大限制了超级电容器的应用。在实际应用中其能量保持时间较短，有研究者发现，其搁置 2h 容量损失率高达 36%。超级电容器容量损失主要是由于超级电容器中离子穿过电解质膜形成的漏电流引起的，超级电容器自放电率与存储时间呈线性关系。可以通过电极包覆来降低超级电容器的自放电，但这会牺牲超级电容器的能量密度。

十一、锂蓄电池、石墨烯蓄电池、超级电容器的融合分析

锂蓄电池和超级电容器是两种非常有潜力、应用非常广泛的储能装置，其原理、特性、应用范围都有很大差异，各有所长。石墨烯自问世以来，就因为其强大的导电性能被视为革命性的储能材料。试想一下，如果将超级电容器、锂蓄电池和石墨烯蓄电池这三者结合，将碰撞出什么样的火花呢？

聚碳动力公司已经掌握了石墨烯蓄电池的制备技术，该技术通过在锂蓄电池正负极材料中添加石墨烯，降低了蓄电池的内阻，以达到实现高倍率快充快放和大幅提高蓄电池循环寿命的目的。该技术同时也提升了蓄电池的耐受高低温的性能，这是聚碳动力公司的核心技术。石墨烯蓄电池的普及将会使电动汽车有质的飞跃，石墨烯蓄电池应用到电动汽车上，将使整个汽车行业产生颠覆性的改变。

石墨烯全碳电容电池是一种全能的新型动力电源。它可解决电动汽车动力问题，还可以在水面舰艇、潜艇、无人机、导弹以及航天领域中应用。其独具的安全性能将会对电动汽车产业发展带来深刻影响。这一产品集锂离子蓄电池能量密度和超级电容器功率密度优势于一身，其循环寿命达4000次以上，使用温度范围为 $-30\sim70{}^\circ\!\mathrm{C}$。其在保证一定续驶里程的前提下，可实现大电流快速充电并具有超长的使用寿命。其核心技术的奥秘在于采取了综合性能平衡设计思路，巧妙地将全新的石墨烯基复合碳材料引入电容电池的正负极，使普通超级电容器与高能蓄电池结合为一体，从而兼有一般超级电容器和蓄电池的优异性能。

新型石墨烯全碳电容电池的优点是储电量大，其能量密度已经超过目前的锂离子蓄电池，功率密度接近超级电容器，在结构上实现了蓄电池和传统电容器的内并。

其性能优势：

1）安全稳定。新型石墨烯全碳电容电池在充满电后，用射钉枪打，使其短路，任何反应都没有；放在火上烧，也不会发生爆炸。

2）充电速度快。新型石墨烯全碳电容电池可用10C的大电流充电，单块电池充满电只要6min，上百块电池串联在一起充电，10min可达95%以上。

3）质量功率密度高，可达200~1000W/kg，是锂蓄电池的3倍以上。

4）超低温特性好，可在 $-30{}^\circ\!\mathrm{C}$ 的环境中工作。

电容型锂离子蓄电池是将双电层超级电容器与锂离子蓄电池的工作原理相结合，使锂离子蓄电池的电极材料与超级电容器的电极材料相融合，器件既有电容的双电层物理储能原理又有锂离子蓄电池的嵌入脱嵌化学储能原理。

电容型锂离子蓄电池研发背景：

1）频繁大电流冲击对蓄电池性能有明显的不利影响。

2）在蓄电池两端并联大容量电容器能缓冲大电流对蓄电池的冲击，从而延长蓄电池的使用寿命。

3）如果采用内连接，使每个蓄电池材料颗粒都处于电容器的保护之中，应更能延长蓄电池使用寿命，提高蓄电池功率特性。

单元2　蓄电池管理系统（BMS）

从镍氢蓄电池开始，蓄电池由于其本身的特性，需要蓄电池管理系统（Battery Management System，BMS）来管理，它也是新能源汽车整体架构中的要素之一。从总体来看，蓄电池管理系统的主要目的是监控蓄电池状态、延长蓄电池的使用寿命。

蓄电池管理系统通过检测蓄电池组中各单体蓄电池的状态来确定整个蓄电池系统的状态，并根据它们的状态对动力电池系统进行对应的控制调整和策略实施，实现对动力电池系统及各单体蓄电池的充放电管理以保证动力电池系统安全稳定地运行。蓄电池管理系统的基本功能可以分为检测、管理、保护这三大块，包括数据采集、状态监测、均衡控制、热管理、安全保护、信息管理等功能。

蓄电池管理系统在硬件上可以分为主控模块和从控模块两大部分。蓄电池管理系统主要由数据采集单元（采集模块）、中央处理单元（主控模块）、显示单元、均衡单元检测模块（电流传感器、电压传感器、温度传感器、漏电检测）、控制部件（熔断器、继电器）等组成。中央处理单元由高压控制电路、主控板等组成；数据采集单元由温度采集模块、电压采集模块等组成，一般采用CAN现场总线技术实现相互间的信息通信。

蓄电池管理系统中的软件设计功能一般包括电压检测、温度采集、电流检测、绝缘监测、SOC估算、CAN通信、放电均衡功能、系统自检功能、系统检测功能、充电管理、热管理等。

BMS通过通信接口与整车控制器、电机控制器、能量管理系统、车载显示系统等进行通信，整个工作过程大致如下：

首先利用数据采集模块采取蓄电池的电流、电压和温度等数据→然后将采集到的数据发送给主控模块→主控模块对数据进行分析和处理后，发出对应的程序控制和变更指令→最后对应的模块发出指令，对蓄电池系统或蓄电池进行调控，同时将实时数据发送到显示单元模块。

一、蓄电池管理系统的常见功能模块

蓄电池管理系统的常见功能模块根据初步划分，也可以分为测量功能、状态估算功能、辅助系统功能、通信与故障诊断功能。

1. 测量功能（信息采集）

（1）基本信息测量（蓄电池电压、电流信号、蓄电池包温度的检测）　蓄电池管理系统最基本的功能就是测量单体蓄电池的电压、电流和温度，这是所有蓄电池管理系统顶层计算、控制逻辑的基础。

1）单体蓄电池电压测量和电压监控。单体蓄电池的电压，对于蓄电池管理系统有几种意义：一是可以用来累加获取整个蓄电池的电压；二是可以根据单体蓄电池电压压差来判断单体蓄电池差异性；三是可以用来检测单体蓄电池的运行状态。单体蓄电池电压的采集和保护，目前都用专用集成电路（ASIC）来完成，采集电压的精度不仅受ASIC本身精度的影响，也受单体蓄电池电压采样线束、线束保护用熔丝、均衡状态等的影响。电压采集精度的敏感度，与蓄电池化学体系和SOC范围（SOC两端的需求往往较高）都有关系，因此实际

上 ASIC 采集得到的电压数据需要经过还原，才能获得接近蓄电池本身电压的值。

2）蓄电池包电压测量。在计算 SOC 的时候，往往会用蓄电池包的总电压来核算，这是蓄电池包的重要参数之一。由于单体蓄电池电压采样有一定的时间差异性，也没办法与蓄电池传感器的数据实现精确对齐，因此往往采集蓄电池包电压来作为主参数来进行运算。在诊断继电器的时候，需要蓄电池包内外电压一起比较。

3）蓄电池温度。温度对蓄电池的参数有着很大的影响，在设计蓄电池和模组的时候，蓄电池内外的温度差异、蓄电池极耳和母线焊接处、模组内蓄电池温度差异和蓄电池包内最大温度差，都应进行先期控制。BMS 在设计上考虑了温度传感器的放置点，以最后采集得到的温度点表征整个蓄电池包的运行情况。温度检测的精度在不同温度的情况下要求不同，如在 -40℃时，检测精度不需要特别高，因为使用蓄电池系统本身就需要加热；而在 -10 ~ 10℃时，温度对蓄电池性能有重大影响，需要提高检测精度；另外还有 40℃高温临近点，也是需要重点关心的温度范围。在设计的过程中，可以用上拉电阻、滤波电阻和温度传感器的本身的数值进行分析。

需要注意的是，在一个蓄电池包内，温度传感器并不是越多越好，有太多温度传感器不仅涉及诊断问题，而且需要选取较多的高精度电阻，增加成本。目前 ASIC 也会有温度采集的功能。

4）蓄电池包流体温度检测。蓄电池管理系统在整个蓄电池包热控制中的作用是汇报温度，包括流体入口和出口的温度，其检测电路与单体蓄电池检测类似。

5）电流测量。蓄电池包往往仅在单体蓄电池这一层级做并联（最极端的是特斯拉的 75 个小蓄电池的并联），蓄电池包内的单体蓄电池串联给整车提供电能，所以一般只需要测量一个电流。电流主要通过智能分流器或霍尔电流传感器测量。由于蓄电池管理系统需要处理的瞬时电流数值往往很大（如车辆加速时所需要的放电电流和能量回收时的充电电流），因此评估和测量蓄电池包的输出电流（放电）和输入电流（充电）的量程和精度，这是一件需要仔细检查的工作。电流是引起单体蓄电池温度变化的主要原因，电流变化的时候也会引起电压的变化，是核算蓄电池状态的必备参数。霍尔式传感器在日系混合动力汽车上用得较多，现在慢慢已升级为由智能的分流器完成电压和电流的采样工作，通过串行总线传输（甚至可以在里面实现 SOC 的估算）。

（2）绝缘电阻检测　蓄电池管理系统内，一般需要对整个蓄电池系统和高压系统进行绝缘检测，比较简单的方法是依靠电桥来测量总线正极和负极对地线的绝缘电阻。目前在蓄电池包里面应用比较多的是主动信号注入，它可以检测单体蓄电池对系统的绝缘电阻。

（3）高压互锁检测（HVIL）　高压互锁的目的是确认整个高压系统的完整性，当高压系统电路断开或者完整性受到破坏时，需要采取安全措施。

1）HVIL 可以在高压总线上电之前，检测整个系统的完整性，即在蓄电池系统主、负继电器闭合给电之前检测。

2）HVIL 需要整个系统构成，主要通过插接器的低压连接电路完成，蓄电池管理系统一般需要提供电路的检测电路。

HVIL 源有三种不同的方式，分别为 5V 电压、12V 电压和 PWM 波。

2. 状态估算功能

（1）SOC 和 SOH 估算　蓄电池管理系统中最核心也是最难的一部分就是 SOC 和 SOH

的估算。SOC 估算常见的方法有安时积分法（SOCI）和开路电压标定法（SOCV），安时积分法最大的问题是随着时间的推移误差会越来越大；开路电压标定法的问题是蓄电池需要在静置很长时间以后，开路电压对应的 SOC 才是准确的，汽车行驶时采集的电压用来标定 SOC 是不准确的。实际应用中，一般以 SOCV 为主。

（2）均衡　串联的蓄电池包总是会出现不均衡的现象。在实际使用过程中，每个串联的单体蓄电池输出容量是不一样的。而蓄电池不仅有过放电和过充电的限制，而且在不同温度和不同 SOC 下，输入和输出的功率也存在限制。因此，单体蓄电池的限制，会影响到整个蓄电池。若单体蓄电池受到损害，会出现持久性的问题。不均衡的原因主要有：

1) 蓄电池包内各个单体蓄电池之间的个体差异：容量差异、内阻差异、自放电差异、工作时的电流差异和休眠时的电流差异。
2) 蓄电池包内随着时间变化：单体蓄电池个体差异随时间增加而增大。
3) 客户使用：充电时间、放电时间不同。
4) 外部环境：不同温度下的自放电、不同 SOC 下的自放电。
5) 系统相互影响：不同的 BMS 工作状况。

（3）蓄电池功率限制　新能源汽车中的蓄电池容量是不同的，锂蓄电池系统为整车特别是电机提供能量，需要满足电机的功率要求。而一定容量的蓄电池在不同的 SOC，不同的温度下，其输入和输出的功率是有一定限制的。实际的运行中，混合动力电池包 SOC 窗口开的很小，纯电动汽车用的非常宽，用完就结束使用，而插电式混合动力在蓄电池耗尽的时候，则需要考虑输出功率的限制。蓄电池管理系统需要发送给整车控制器一个功率限制参数，这是根据一个三维表核算出来，包含温度、SOC、蓄电池容量。

3. 辅助系统功能

辅助系统功能一般与整车控制系统或者其他相关的系统联合使用。

（1）继电器控制功能　蓄电池包内一般有多个继电器，蓄电池管理系统至少要完成对继电器的驱动供给和状态检测，继电器控制往往是和整车控制器协调后确认控制器状态。例如安全气囊控制器输出的碰撞信号一般与继电器控制器断开直接挂钩。蓄电池包内继电器一般有主正、主负、预充和充电继电器，在蓄电池包外还有独立的配电盒对整个电流分配进行更细致的保护。闭合、断开的状态以及开关的顺序对蓄电池包的继电器控制都很重要。

（2）热管理控制功能　蓄电池的化学性能受环境的温度影响非常大，为了保证蓄电池的使用寿命，必须让蓄电池工作在合理的温度范围之内，并根据不同的温度为整车控制器提供其所能输出和输入的最大功率。蓄电池管理系统的温度控制主要用到 CFD 仿真分析，即如何使用最少的温度传感器来有效地监测整个蓄电池包的温度分布，并将监测信息反馈给蓄电池管理系统和整个蓄电池温度管理系统，从而控制整车和蓄电池系统的散热和加热。

（3）充电控制功能　蓄电池管理系统的一种主要模式是监控蓄电池系统在充电过程中蓄电池的需求。在交流充电过程中，BMS 需要实现 PWM 的控制导引电路的交互；在直流充电过程中，特别需要注意在较高 SOC 下允许充电的电流。在国标系统中，蓄电池管理系统被要求直接与外部建立通信，交互充电过程中的信息。理论上说，此功能的设计，可以迁移到不同的模块上，否则蓄电池管理系统的睡眠唤醒机制就会显得有些复杂。

4. 通信与故障诊断功能

（1）通信功能　蓄电池管理系统需要给整车控制器发送蓄电池系统的相关信息，在有直流充电的系统中（特别是在国标系统中）需要直接与外部直流充电桩进行通信。在某些时候，可能还要有一条备份的诊断和刷新的通信线，用来在主通信线失效的情况下进行数据传输。

（2）故障诊断与容错控制　运行故障诊断及容错控制在任何控制器当中都是非常重要的，蓄电池管理系统的故障也会以故障码（DTC）的形式来报警，通过 DTC 触发仪表板中的指示灯来提醒驾驶人。由于蓄电池的危险性，往往需要车联系统直接进行信息传送，以应对突然出现的事故。比如当发生事故，安全气囊弹出的时候，继电器由整车控制器直接切断以后，车联系统通过定位和预警来处理，并将蓄电池放电。故障诊断包括对单体蓄电池电压测量电路，蓄电池包电压、电流、温度测量电路的故障进行诊断，确定故障位置和故障级别，并进行相应的容错控制。

二、蓄电池管理系统分类

随着锂蓄电池技术的应用，蓄电池能量密度更高、容量更大、运行时间更长，对 BMS 的功能也提出了新的要求。按照采集模块和主控模块在实体上的分配布置不同，BMS 分为集中式和分布式两类。

1. 集中式蓄电池管理系统

集中式蓄电池管理系统将所有的采集单体蓄电池电压和温度的单元全部集中在一块 BMS 板上，由整车控制器直接控制继电器控制盒，大部分低压 HEV 都是这样的结构。集中式 BMS 全部电压、温度、电流采集信号线直接连接到控制器上，采集模块和主控模块的信息交互在电路板上直接实现。集中式 BMS 具有成本低、结构紧凑、可靠性高的优点，一般常见于容量低、总电压低、蓄电池串数比较少、蓄电池系统体积小的应用场景中，比如在总电压比较低的小型车上。

集中式 BMS 硬件可分为高压区域和低压区域。高压区域负责进行单体蓄电池电压的采集、系统总电压的采集、绝缘电阻的监测。低压区域包括供电电路、CPU 电路、CAN 通信电路、控制电路等。其优点是省去了从板，进而省去了主板和从板之间的通信线束和插口，造价低，信号传递可靠性高；其缺点是全部线束都直接走线到控制盒，无论控制器布置在什么位置，总有一部分线束过长，信号受到干扰的概率增加，对线束质量和制作水平以及固定方式有较高要求。

2. 分布式蓄电池管理系统

分布式蓄电池管理系统是将蓄电池模组的功能独立分离（模组和 CSC 一配一的方式），整个系统包括单体蓄电池组管理单元（CSC）、蓄电池管理控制器（BMU）、继电器控制器和整车控制器。形式上，它由一个主控盒和几个从控盒共同组成，主控盒只接入通信线、信号线、电源线等必须有的线束；而从控盒，则布置在需要采集温度、电压的蓄电池模组附近，从控盒把采集到的信号通过 CAN 线报告给主控模块。有的蓄电池模组直接把电压、温度采集线放在模组内部，用一个线对线插接器引出，蓄电池包组装时，直接对插插接器即可。

分布式的 BMS 架构能较好地实现模块级和系统级的分级管理。局部从控单元 LECU（Local Electronic Control Unit，LECU）负责对模块中的单体蓄电池进行电压检测、温度检测、均衡管理以及相应的诊断工作；高压管理单元（HVU）负责对蓄电池包中的蓄电池总电压、母线总电压、绝缘电阻等状态进行监测（母线电流可由霍尔式传感器或分流器进行采集）。LECU 和 HVU 将分析后的数据发送至主控单元——蓄电池管理控制器（Battery Management Unit，BMU），由 BMU 对蓄电池系统进行评估、电系统状态检测、接触器管理、热管理、运行管理、充电管理、诊断管理、通信网络管理。

分布式 BMS 的优点是可以将模组装配过程简化，其采样线束固定起来相对容易，线束距离均匀，不存在压降不一的问题，当蓄电池包大了以后，这种模式就很有优势了。其缺点是成本较高，需要额外的微控制单元（MCU），独立的 CAN 总线支持将各个模块的信息整合发送给 BMS，所以总线的电压信息对齐设计也相对复杂。这种方案系统成本最高，但是移植起来最方便。采用分布式 BMS 的蓄电池包可大可小，主要应用于高电压系统、蓄电池串数多或者一辆车上布置几个蓄电池箱的情况（如商用车）。分布式 BMS 的成本有小幅提高，但同时减少了线束，降低了现场接线工作量，也就降低了接线错误的概率。分布式 BMS 适合大批量、自动化生产的设计形式。

分布式 BMS 由 1 个主控制器、1 个高压控制器、若干个从控制器及相关采样控制线束组成，通过 CAN 总线实现各控制器间信息交互。

BMU 为 BMS 总控制器。BMU 功能：处理从控制器和高压控制器上报的信息，同时根据上报信息判断和控制动力电池运行状态和充放电控制，实现 BMS 相关控制策略，并作出相应故障诊断及处理。

BCU 为 BMS 从控制器。BCU 功能：实时采集并上报动力电池中单体蓄电池的电压、温度信息，反馈每一个单体蓄电池的 SOH 和 SOC；同时具备主动/被动均衡电路功能，有效保证了动力电池使用过程中单体蓄电池的一致性。

三、动力电池 SOC 与 SOH 估算技术及管理方案

1. SOC 估算技术

通过 SOC 可以知道目前的电量状态。

$$SOC = \frac{剩余的电量}{电池的容量} \times 100\%$$

若没有准确的 SOC，会出现的情况：
1）过充/过放导致蓄电池寿命缩短，或发生故障等。
2）均衡的一致性效果不理想，输出功率降低，动力性能降低。

SOC 的精确估算意义重大，对车主而言，SOC 直接反映的是当下的电量状态，这影响着还能行驶多远的距离，是否能顺利抵达目的地；对蓄电池本身而言，SOC 的精确估算涉及开路电压、瞬时电流、充放电倍率、环境温度、蓄电池温度、停放时间、自放电率、库伦效率、电阻特性、SOC 初值、DOD 等的非线性影响，而且这些外在特性彼此影响，彼此也受不同材料、不同工艺等的影响，所以精确估算 SOC 数值变得非常重要，其算法也是相关企业的核心竞争力之一。

目前 SOC 主流估算方法有放电法、安时积分法、开路电压法、神经网络法、卡尔曼滤波法。

放电法即是对蓄电池做放电实验，以放出电量的多少判断蓄电池容量，但实际行车情况中用来行驶的是剩余电量，无法单纯以放电结果作为电量预估标准。

安时积分法是通过初始状态与运行状态下电流对时间的积分来计算当前电量，其公式如下：

$$SOC(t) = SOC(t_0) + \frac{1}{C_N} \int_{t_0}^{t} \eta \times i dt$$

式中　C_N——蓄电池额定容量；
　　　η——充放电效率；
　　　i——电流。

当前 SOC 精度主要依赖初始和瞬时电流的精度，但是随着时间延长，误差累计严重，且无法单独修正。

开路电压法是根据静止开路电压与 SOC 的对应关系来计算的，开路电压与 SOC 的关系如图 2-29 所示。

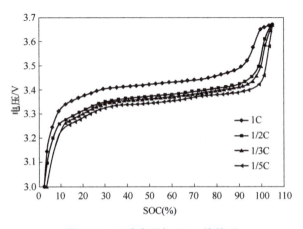

图 2-29　开路电压与 SOC 的关系

准确的开路电压需要一段时间静置恢复，因为充电和放电过程会让蓄电池内部化学反应持续一段时间，延长部分极化状态，形成极化电势，提高和降低瞬时开路电压，使单纯的开路电压在实际运行状态下受到行车干扰而不准确。故运行状态下测得的开路电压只能作为参考，并不是真实的开路电压。

神经网络法由局部电压、电流、温度、内阻等各种瞬时数据组成输入层，由自动归纳规则组成隐层，其数据通过系统模型的输出层收敛和优化计算出瞬时 SOC。其各层信息互不通信、并无联系，目前达到商业标准的收敛、优化、建模技术还没有实际解决，且该方法成本高，稳定性差，技术还在研究阶段，神经网络法如图 2-30 所示。

卡尔曼滤波法是基于最小均方差的数字滤波算法，用于最优估算动态系统状态。其优点是对初始误差有很强的修正作用，缺点是需要较强的数据处理能力，准确度由蓄电池模型决定，目前研究热度很大。

目前主流的方法是安时积分法和开路电压法结合，实践起来较为容易，乘用车上的误差可以控制在 5% 以内。

安时积分法和开路电压法影响因素也非常多，对这些因素进行分析有利于深入了解蓄电池特性，也有利于不断提高和改进 SOC 估算的算法。

SOC 估算时需要根据影响因素确定修正系数。开路电压、瞬时电流、充放电倍率、环境

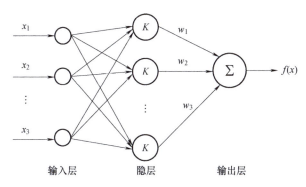

图 2-30　神经网络法

温度、蓄电池温度、停放时间、自放电率、库伦效率、电阻特性、SOC 初值、DOD 以及材料特性和工艺等因素，共同决定和影响 SOC 状态。

开路电压是指蓄电池未接负载时两端的电压值。由于开路电压稳定值与 SOC 的大小存在曲线对应关系，特定的蓄电池批次产品能通过拟合开路电压与 SOC 的数值关系，根据电压来判定 SOC 值。实际运行过程中，温度越高，开路电压越高，这是因为，温度升高，电解液黏度降低，介电常数提高，内阻降低，电压升高；温度降低情况相反。内阻与 SOC 的关系如图 2-31 所示。

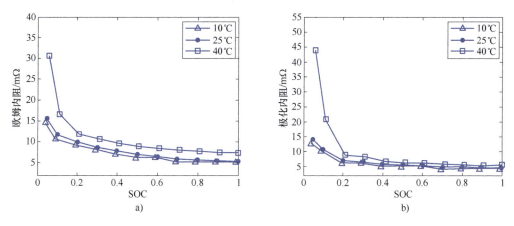

图 2-31　内阻与 SOC 的关系
a）欧姆内阻　b）极化内阻

内阻越低，开路电压越高。充电使开路电压变高，因为受到电极极化影响，电化学反应速度赶不上充电电荷传递速度，形成极化电势，使充电过程中和结束后一段时间开路电压高于稳定值。倍率越大，极化电势越大，瞬时电压与真实电压误差越大（这也是为何大电流充电电量不经用的原因——高倍率充电状态的电压值短时间偏大导致 SOC 值偏大，此时 SOC 值如果未计入高倍率充电误差系数将会失真严重）；放电情况相反。

瞬时放电电流高，电子迁移出去但正价锂离子还未迁移出去，使负极电势提高；正极得到电子但正价锂离子还未嵌入，使正极电势降低，两者共同作用，使总开路电压降低。这种情况倍率越高越明显，瞬时放电相反。

温度越高，内阻越低，电解液离子迁移速度越快，电极活性提高，可以提高蓄电池的容量和输出功率。实际 SOC 因温度升高而升高，温度降低而降低。

停放时间长会使蓄电池极化电势衰减、自放电导致电量降低。当时间足够长，时间与自放电率的乘积便是电量修正减值。

库伦效率是放出电量与充电电量的比值，库伦效率越高，蓄电池稳定性越好，容量折损越少，使用寿命越长。库伦效率与温度、倍率放电、放电深度（DOD）、循环次数等有关。

SOC 初值直接影响瞬时 SOC 的估算，一般在蓄电池均衡后标定 SOC 初值。

放电深度（DOD）不同，稳定开路电压值也不同，过度充放电会造成蓄电池不可逆的容量损失，直接降低蓄电池整体容量。

内阻分交流内阻和直流内阻。功率和容量主要受直流内阻影响。直流内阻分为欧姆内阻和极化内阻。欧姆内阻受电极材料、电解液、隔膜等影响；极化内阻分为欧姆极化、活化极化、浓差极化内阻，极化内阻与材料、工艺和工作条件密切相关。

工艺一方面（比较重要的工艺有散热工艺、电解液体系、压实密度等）影响材料特性和环境温度，另一方面也直接影响蓄电池的一致性，一致性越好，SOC 的标定也越准确。

总体来说 SOC 的影响因素是非线性互相影响，精确标定 SOC 非常困难。精确标定的 SOC 能提高蓄电池使用寿命，提高输出功率，提高经济性和降低维护成本。除此之外，精确标定 SOC 也能保证蓄电池的安全。

新能源汽车在发展过程中，安全性是第一位的，没有安全，环保和经济性都是没有意义的。BMS 主要负责蓄电池的保护、监测、信息传输，其中保护是根据监测来判断，监测蓄电池的外部特性（如电压、电流、温度等信息）。SOC 依据这些监测的外部特性信息计算出传输信息，告知车主当前电量的同时，也让汽车了解自身电量，防止过充过放，提高均衡一致性，提高输出功率，减少冗余。系统底层内部都是经过复杂的算法计算，保证汽车安全持续稳定地运行。

2. SOH 估算技术

目前，SOH 估算方法分为以下两类。

（1）基于耐久性模型的开环方法　耐久性模型开环方法描述了固体电解质膜电阻和蓄电池端子电压的增加，对蓄电池内部的物理化学反应的特性进行分析，分析电化学反应特性和蓄电池容量衰退的本质，从而直接预测容量衰减和内阻的变化。

（2）基于蓄电池模型的闭环方法

1）基于开路电压的 SOH 估算方法。

在现有研究中，基于开路电压的健康状态估算大致可分为基于固定开路电压的 SOH 估算与基于变化开路电压的 SOH 估算两个类别。

通过对蓄电池在不同老化程度下的开路电压曲线形式进行对比分析，发现蓄电池容量的衰减对被测蓄电池开路电压曲线形状的影响并不明显，即蓄电池开路电压与 SOC 之间的对应关系在整个老化过程会保持一个相对稳定的状态。基于这一结论，通过在不同老化程度下，计算相同开路电压区间内蓄电池电量的变化情况，就可以实现对蓄电池当前容量及 SOH 的估算。

对于锂离子蓄电池而言，其开路电压曲线在老化过程中并非完全一成不变，只有当蓄电池开路电压曲线的斜率较大且其 SOC 与开路电压之间呈现明显的线性关系时，才能够忽略老化对蓄电池开路电压曲线所造成的影响，并近似地将其认为是恒定的。

2）基于蓄电池内阻的 SOH 估计方法

在蓄电池容量衰减的过程中，一般也会同时伴随着蓄电池内阻的增加。

针对锂离子蓄电池在车用阶段的具体容量损失过程，通过蓄电池工作温度与内阻机理模型，结合内阻在线辨识技术，可以实现宽温度范围下的 SOH 估算。

3. SOH 和 SOC 联合估算

SOH 和 SOC 多时间尺度联合估算有两种途径：一是构建基于卡尔曼滤波的双时间尺度，确定一阶或者二阶 RC 模型的标称参数对于 SOC 的依赖性，采用递推最小二乘法识别参数，在蓄电池 SOH 的基础上对标称模型的性能退化进行量化，一个时间尺度的观测器用于实时估算蓄电池 SOC，另一个时间尺度用于离线估算 SOH，量化模型精度退化确定 SOH 观测器的时间尺度，SOC 与 SOH 的估算结果通过大量的测试数据来验证，从而完成 SOC 和 SOH 的联合估算，这样可以降低计算复杂度，提高估算精度；二是基于卡尔曼滤波的多时间尺度，将等效电路模型与可用容量的变化联系起来，建立 SOC 与 SOH 联合估算的蓄电池集总参数模型，并基于模型提出一种多尺度扩展卡尔曼滤波，考虑到 SOH 的缓慢变化特性和 SOC 的快速变化特性，采用宏观尺度对蓄电池 SOH 进行估算，微观尺度对蓄电池 SOC 进行估算，用两个估算器与多尺度估算理论融合来自不同时间尺度的测量信息，在 NEDC 工况下完成蓄电池 SOC 与 SOH 的联合估算，这种方法估算精度高，收敛速度快，有一定优越性。

4. 动力电池绝缘管理

动力电池绝缘管理主要包括单体蓄电池的绝缘和蓄电池模块的绝缘，单体蓄电池的绝缘主要考虑：

1）正极与负极集流体之间的绝缘。

2）蓄电池芯（正负极集流体和隔膜等构成的总成件）与外壳之间的绝缘。

3）单体蓄电池正负极耳与外壳之间的绝缘。

正极与负极集流体之间的绝缘保护主要依靠蓄电池隔膜实现，目前商业化的隔膜材料主要有 PP/PE/PP3 层隔膜、PE 单层隔膜和以 PP/PE 为基材的陶瓷隔膜，利用隔膜较好的力学性能和绝缘特性可以保证正负极之间的绝缘。

蓄电池芯（正负极集流体和隔膜等构成的总成件）与电芯外壳之间绝缘也主要通过隔膜来实现。在正负极集流体叠片或卷绕完成后，通常再卷绕 2~3 层隔膜以保证蓄电池芯与外壳之间的绝缘，对于软包装单体蓄电池，外壳为铝塑复合膜，内侧为一层塑料，也起到加强绝缘的作用。

单体蓄电池正负极耳与外壳之间的绝缘通常是在正极耳和外壳之间增加一层绝缘材料。例如软包装单体蓄电池在极耳和外壳间增加一层耐高温且具有一定机械强度的绝缘薄膜；钢壳或铝壳单体蓄电池在极柱和外壳间增加一个绝缘垫片以保证绝缘性能。

蓄电池模块的绝缘设计主要包括单体蓄电池之间的绝缘防护、单体蓄电池与模块金属结构件之间的绝缘防护。蓄电池模组绝缘结构如图 2-32 所示。

5. 动力电池热管理系统

动力电池是电动汽车的能量来源，在充放电过程中蓄电池本身会产生一定热量，从而导致温度上升，而温度升高会影响蓄电池的很多特性参数，如内阻、电压、SOC、可用容量、充放电效率和蓄电池寿命。蓄电池热效应问题也会影响到整车的性能和循环寿命，因此，做好热管理对提高蓄电池的性能和使用寿命都十分重要。

由于蓄电池阻抗的存在，在蓄电池充放电过程中，电流通过蓄电池导致蓄电池内部产生热量，温度的升高对蓄电池的使用寿命和循环寿命都有影响。

动力电池热管理系统（Battery Thermal Management System，BTMS）是汽车动力电池系统的重要组成部分，它不仅对蓄电池性能、寿命、安全等有重要影响，而且它与整车热管理有着密不可分的关系。随着

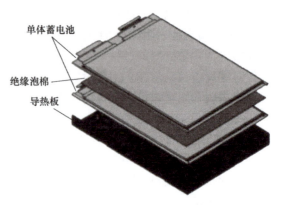

图 2-32　蓄电池模组绝缘结构

电动汽车的推广，市场对蓄电池系统热管理的要求也越来越高。蓄电池生热理论是蓄电池热管理首先需要关注的问题，这个领域研究较早，有关研究系统分析了蓄电池散热能力的影响因素，提出了 BTMS 的设计方法，并详细论述了各种散热系统，包括空气冷却系统、液体冷却系统、相变冷却系统、热管冷却系统和复合冷却系统等。但是，很少有研究从总体上较全面地讨论动力电池热管理系统设计。

从宏观上讲，动力电池热管理是对蓄电池系统内部热环境进行控制、调节和利用。其目的是为了使动力电池工作在一个最佳的热环境，充分发挥蓄电池的性能；同时，提供一个能量平衡的环境，实现整车能量的综合利用。具体而言，热管理就是在蓄电池系统中温度过高时，对系统进行降温；在温度过低时，对系统进行升温；在特殊情况下（如停车等待过程中），要对系统进行保温。根据热管理的不同应用场合和功能，蓄电池热管理系统分为冷却系统、加热系统和保温系统。

1）冷却系统的基本构成与功能。冷却系统是动力电池热管理系统中最重要的组成部分。受制于目前技术水平的限制，动力电池工作的温度环境要满足特定的要求，例如磷酸铁锂蓄电池要求的一般环境温度为 -20~60℃。蓄电池在充放电过程中会不断地产生热量，蓄电池系统内部温度很容易超过这一范围，因此一般的蓄电池系统都需要引入冷却系统。

根据冷却介质的不同，冷却系统的冷却方式通常可分为空气冷却、液体冷却和相变冷却三种。这三种冷却方式的散热能力是依次增强的，同时，冷却系统的结构复杂度也依次增加。由于相变冷却成本比较高，考虑到降低成本的因素，目前工程技术上常采用空气冷却和液体冷却两种方式。

除了根据冷却介质区分冷却系统以外，冷却系统也常常分为主动冷却和被动冷却两种形式。通常被动冷却系统直接将蓄电池内部的热空气排出车体，而主动冷却系统通常具有一个内循环系统，并且根据蓄电池系统内部的温度进行主动调节，以达到最大散热能力。一般而言，被动冷却系统具有结构简单、零部件数量少、成本低等优点，被广泛用于蓄电池冷却系统设计中。

无论是空冷系统，还是液冷系统，一个完整的冷却系统应包含以下组成部分：①冷却动力部件（风冷系统主要是风机或风扇，液冷系统是水泵）；②传递路径，即冷却系统介质流经的路径（风冷系统由风管组成，液冷系统由水管组成）；③接头件（由于传递路径不可避免地存在分叉，这些分叉部位需要接头件进行连接）；④密封件（通常在进出风口或液体位

置）；⑤其他附件（主要是组成冷却系统的一些必备连接件、防尘件、卡环等）。

2）加热系统的基本构成与功能。一般而言，加热系统是为了使蓄电池在低温环境下能正常充电。加热系统主要由加热元件和电路组成，其中加热元件是最重要的部分。常见的加热元件有可变电阻加热元件和恒定电阻加热元件。由于汽车地域适用性较为广泛，在寒冷地区要使电动汽车能正常使用，必须对蓄电池加入额外的加热系统以满足要求。

6. 动力电池热管理系统的分类

动力电池热管理系统主要有<u>直冷系统</u>、<u>低温散热器冷却系统</u>、<u>直接液体冷却系统</u>、<u>空冷/液冷混合冷却系统</u>、<u>直接空气冷却系统</u> 5 类（图 2-33）。

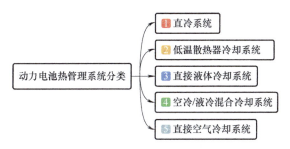

图 2-33　热管理系统的分类

（1）<u>直冷系统</u>（图 2-34）　直冷系统具有系统紧凑、重量轻以及性能好的优点。但是此系统是一个双蒸发器系统，系统没有蓄电池制热，没有冷凝水保护，制冷剂温度不易控制且制冷系统寿命短。

（2）<u>低温散热器冷却系统</u>（图 2-35）　低温散热器冷却系统是蓄电池的一个单独系统，由散热器、水泵和加热器组成。该冷却系统具有系统简单、成本低、低温环境下经济节能等优点。但是此系统有着冷却性能低、夏天液温高、应用受天气限制等缺点。

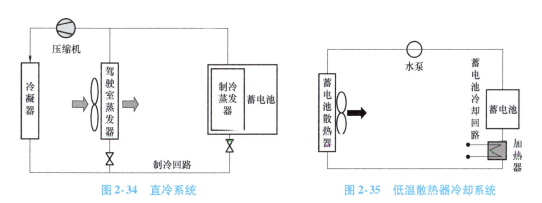

图 2-34　直冷系统　　　　　图 2-35　低温散热器冷却系统

（3）<u>直接液体冷却系统</u>（图 2-36）　直接冷却水冷却系统具有系统紧凑、冷却性能好以及工业应用范围广等优点。但是此系统零部件比直冷多、系统复杂、燃料经济性差且压缩机负荷高。此类型的冷却系统是目前最常用的蓄电池热管理系统之一。

（4）<u>空冷/液冷混合冷却系统</u>（图 2-37）　空冷/液冷混合冷却系统中有两个关键零部件：

1）液冷蓄电池冷却器。

2）空冷蓄电池散热器。

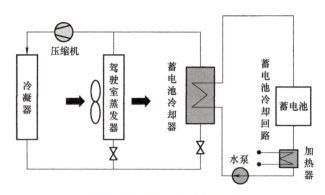

图 2-36　直接液体冷却系统

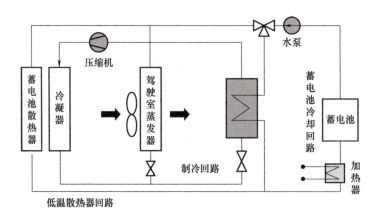

图 2-37　空冷/液冷混合冷却系统

空冷/液冷混合冷却系统具有系统紧凑、性能好且低温环境下经济节能等优点。但是此系统复杂、成本高、控制复杂且可靠性要求高。

（5）直接空气冷却系统（图 2-38）　此系统利用驾驶室的低温空气对蓄电池进行冷却。

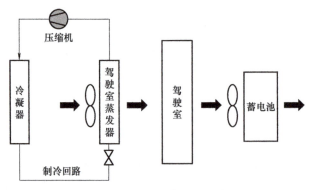

图 2-38　直接空气冷却系统

直接空气冷却系统具有系统简单、空气温度可控以及成本低等优点。但是此系统并不是对所有类型的蓄电池都适合，其浸湿后恢复慢且蓄电池内部会有污染的风险。

考虑到成本的因素，目前工程技术上常采用空气冷却和液体冷却两种方式。

空气冷却系统设计主要考虑蓄电池系统结构的设计，风道、风扇的位置，功率的选择，风扇的控制策略等。液体冷却系统设计主要考虑冷却管道是否流畅，进出口冷却液的流量、温度、压降，水泵及整车空调压缩机的控制策略等。在采用空气冷却系统与液体冷却系统时要考虑各自的优缺点。

空气冷却的优点是结构配置相对简单，系统质量相对较小，工艺成本低，不会出现漏液的可能，能够及时通风排出有害气体；空气冷却的缺点是与蓄电池接触壁面之间的热交换效率低，冷却或加热速度相对液体较慢。液体冷却的优点是与蓄电池接触壁面之间的热交换效率相对较大，冷却或加热的速度较快；其缺点是系统质量相对较大，设计较复杂，零部件多，维修和维护成本高，存在漏液的可能性。空气冷却系统结构和液体冷却系统结构分别如图2-39、图2-40所示。

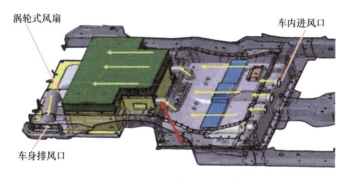

图2-39 空气冷却系统结构

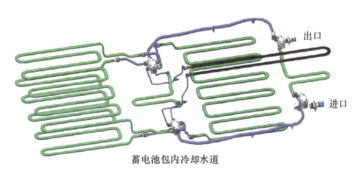

图2-40 液体冷却系统结构

四、动力电池使用存在的问题

总的来说，虽然现在新能源汽车日益增多，但是其仍存在许多问题，主要有以下几点：

1）充电桩还没有普及，目前国内还有大部分地区都没有充电桩，造成蓄电池没法充电而影响新能源车主的出行。

2）充电慢，大部分新能源汽车都有交流充电方式和直流充电方式，一般交流充电需要6～12h才能充满，而直流充电也要0.5～1h才能充满，相对于燃油汽车加满油要慢得多（一辆燃油汽车加满油的时间一般为1～2min）。

3）保修政策不完善，针对蓄电池报废而无法保修或回收的问题，到目前为止，很多厂家也没能给出一个很好的解决方案。

4）缺乏蓄电池保险险种，很多保险公司在新能源汽车的保险单里没有明确蓄电池保险具体范围。

5）续航里程低，虽然近年很多厂家制造出来的新能源汽车的续航里程有所提升，可达400~600km，但是对于跨省出行的车主来说，仍然远远满足不了需求。

6）使用环境制约性强，低温地区很难以投入使用，北方地区的市场远远不足，特别是东北地区较寒冷的地带。

五、蓄电池管理系统常见故障

蓄电池管理系统（BMS）常见故障见表2-11。

表2-11 蓄电池管理系统（BMS）常见故障

序号	故障名称	故障现象	故障原因
1	高压互锁故障	无法上高压电，车辆无法运行，OK/Ready 灯不亮（诊断仪可进 BMS）	高压插件松动、未插好或互锁电路故障
2	CAN 系统通信故障	无法上高压电，车辆无法运行，OK/Ready 灯不亮，动力电池故障警告灯点亮，SOC 为 0（诊断仪进不了 BMS）	CAN 线端脱落、断路，CAN 端子退针（松动）都会导致通信故障
3	BMS 电源电路故障	无法上高压电，车辆无法运行，OK/Ready 灯不亮，动力电池故障警告灯点亮，SOC 为 0（诊断仪进不了 BMS）	BMS 供电熔丝烧断；供电异常、线束短路或断路
4	绝缘检测报警	无法上高压电，车辆无法运行，OK/Ready 灯不亮（诊断仪可进 BMS，读到绝缘电阻值为0）	蓄电池或其他高压部件漏电；绝缘模块检测线接错；漏电传感器故障
5	采集模块数据为 0	无法上高压电，车辆无法运行，动力电池故障警告灯点亮；OK/Ready 灯不亮（诊断仪可进 BMS，无法读取 BMS 采集信息）	采集模块采集线断开、采集模块损坏；采集模块与 BMS 通信故障
6	蓄电池电流数据错误	车辆可以运行，但是电流表和功率表都为 0	霍尔信号线插头松动、霍尔式传感器损坏、采集模块损坏
7	蓄电池温度过高	仪表板上动力电池过热警告灯亮	蓄电池冷却液少、外部水管漏液；蓄电池冷却水泵故障
8	不能使用充电机充电	其他正常，无法正常充电	充电机与 BMS 通信不正常；车载充电机控制端故障
9	SOC 异常	OK/Ready 点亮，SOC 为 0	更换 BMS 后未匹配
10	预充电故障	无法上高压电，车辆无法运行，OK/Ready 灯不亮	预充继电器开路、预充电阻开路
11	上电后主继电器不吸合	无法上高压电，车辆无法运行，OK/Ready 灯不亮	预充未完成（预充继电器开路、预充电阻开路）或者主继电器故障
12	单体蓄电池电压异常	无法上高压电，车辆无法运行，OK/Ready 灯不亮，动力电池故障警告灯点亮	单体蓄电池电压过低过高，均衡失败，过充过放电

纯电动汽车常见的故障灯如图 2-41 所示。

图 2-41　纯电动汽车常见故障灯

图 2-41 中，仪表动力系统故障灯点亮，动力电池过热警告灯点亮，动力电池故障警告灯点亮了，中间的 SOC 显示为 0。

单元 3　国内外知名品牌纯电动汽车动力电池的应用

前面的单元介绍了纯电动汽车的基本结构、基本工作原理以及动力电池的基础知识，下面将介绍世界一些知名品牌的纯电动汽车动力电池的应用。

一、德国的纯电动汽车宝沃 BXi7

众所周知，德国的汽车行业发展比较迅速，发展得比较好，而德国的纯电动汽车也是有着很好的发展前景，德国纯电动汽车宝沃 BXi7 的续航里程达到 500km，百公里加速时间为 6.5s，最高车速可达 200km/h。BXi7 基于宝沃 e-Propulsion EV 平台打造，新车最大功率为 200kW，最大转矩达 400Nm。宝沃 BXi7 搭载的是三元锂蓄电池，蓄电池容量为 49kWh，蓄电池由宁德时代提供，转换效率达到了 94.5%，并且在水冷式电机以及 B-Safe 保护系统的协助下，可实现在 -30 ~ 55℃ 的温度范围内工作，使用快充 30min 电量能充至 80%，充电次数上限为 2000 次。宝沃电动汽车如图 2-42 所示。

图 2-42　宝沃电动汽车

二、美国的特斯拉 Model 3 与三元锂 21700 型单体蓄电池

美国的特斯拉作为纯电动汽车领域的"龙头大哥"，被称为纯电动汽车行业里的标杆。

Model 3 是特斯拉旗下特别推出的一款纯电动汽车。

国产版特斯拉 Model 3 提供了标准续航升级版、长续航版、Performance 高性能版三种配置，其中标准续航升级版采用单电机后轮驱动，0～100km/h 加速为 5.6s，最高车速为 225km/h，NEDC 综合续航里程达 445km。长续航版采用双电机全轮驱动，0～100km/h 加速为 5.3s，最高车速为 225km/h，NEDC 综合续航达 668km；Performance 高性能版同样采用双电机全轮驱动，0～100km/h 加速为 3.4s，最高车速为 261km/h，NEDC 综合续航达 530km。特斯拉 Model 3 如图 2-43 所示。

图 2-43　特斯拉 Model 3

Model 3 蓄电池的额定电压/容量有 355.2V/145.7Ah 及 355.2V/148.8Ah 两种，根据国产 Model 3 的综合工况电能消耗量 12.5kW·h/100km 来计算，蓄电池 1kW·h 的差距会造成约 8km 续航里程的差异，搭载两种容量不同蓄电池的车辆会有 10km 的续航里程差异，容量较大的为 455km，容量较少的则为 445km。

Model 3 电动车动力系统和车身设计使用寿命可达 160 万 km。目前的蓄电池模块寿命达 48 万～80 万 km（1500 次充电循环）。替换其中蓄电池模块（非整个蓄电池组）的成本只需要 5000～7000 美元（Model 3 电动汽车的蓄电池组由 4 个蓄电池模块组成）。

特斯拉 Model 3 在设计之初就考虑到了蓄电池模块的更换，这在大幅降低成本的同时，也可避免因某一模块故障而更换整个蓄电池组所造成的资源浪费。特斯拉 Model 3 的动力电池如图 2-44 所示。

新款特斯拉 Model 3 将配备 100kWh 容量蓄电池，相比目前在售的 Model 3 蓄电池约为 55kWh 的容量，新款 Model 3 的续航里程将得到大幅提升。

Model 3 并没有采用与 Model S 相同的 18650 型单体蓄电池，反而用上了更好、更先进的 21700 型单体蓄电池。Model S 的 18650 型单体蓄电池和 Model 3 的 21700 型单体蓄电池都是由日本松下公司提供的，同为圆柱形锂蓄电池。21700 型的规格为直径 21mm、长度 70mm，理论上限要比 18650 型（直径 18mm、长度 65mm）更高。

图 2-44　特斯拉 Model 3 的动力电池

在现有条件下，21700 型蓄电池系统的质量能量密度在 300Wh/kg 左右，相比 18650 型蓄电池系统的 250Wh/kg 约提高 20%。同时根据松下公司的测试数据，21700 型单体蓄电池的体积能量密度也远高于18650型单体蓄电池。能量密度的提升能直接提升续航里程。

虽然21700型单体蓄电池在续航和成本上相对18650型单体蓄电池更优秀，但其循环寿命不如18650型单体蓄电池。

21700型单体蓄电池相比18650型单体蓄电池，增大了圆柱单体蓄电池的物理尺寸，虽然这会增加能量容积，但同时会降低单体蓄电池循环寿命和充放电倍率等性能。如果持续增大尺寸，单体蓄电池安全性和适配性都会降低，无形之中增加了新能源汽车安全隐患和设计难度，据测算，容量每提升10%，循环寿命大约会降低20%；充放电倍率降低30%～40%，同时单体蓄电池会有20%左右的升温。蓄电池温度升高，将导致循环寿命的降低，这对电动汽车来说就是致命的缺陷。

理论上，相比18650蓄电池，21700蓄电池寿命更短、同等容量充电时间更长、安全性更低，但如果特斯拉的BMS足够出色，那这些问题也是可以优化的。

从国家对动力锂蓄电池能量密度的指引目标来看，2020年动力电池单体质量能量密度要突破300Wh/kg，动力电池系统质量能量密度要达到260Wh/kg。目前做得最好的18650型蓄电池也达不到这个技术要求，所以未来应有更优的蓄电池供选择。

21700型单体蓄电池的使用，对特斯拉电动汽车减轻车重、提升续航、降低成本都有很大的帮助。

三、日本的日产聆风

新日产聆风采用与老款相同的电动机，但是改进了电动动力总成，从而动力更强。其电动机最大输出功率为110kW（老款为80kW），最大输出转矩也增加到320Nm。全新的锂离子蓄电池容量为40kWh，在欧洲循环测试工况下的纯电续航里程为378km。驾驶人可以使用"Eco"模式来提高效率。在正常充电模式下，聆风充满电需要8h，而在快充模式下，只需40min就可将蓄电池电量充至80%。此外，日产表示将在2022年将续航里程提升至600km。

2018款蓄电池包（40kWh）为2P96S组合方式，共192个单体蓄电池，24个模块，由8个单体蓄电池组成一个蓄电池模块，总电量40kWh。其采用的是新一代的高容量单体蓄电池，质量能量密度为224Wh/kg，体积能量密度为460Wh/L，单体蓄电池尺寸发生了一些变化。日产聆风汽车动力电池如图2-45所示。

图2-45　日产聆风汽车动力电池

四、刀片蓄电池与比亚迪汉EV

比亚迪作为一家做蓄电池起家的汽车企业，其今天的发展成就对中国在纯电动汽车发展领域中有着重大影响。而近年比亚迪自研的磷酸铁锂刀片蓄电池则更是对纯电动汽车动力电池有着显著的提高与改善。刀片蓄电池不仅将改变行业对于三元锂蓄电池的依赖，同时也使动力电池技术更加安全。

比亚迪集团董事长兼总裁王传福在发布会上表示："'刀片蓄电池'将把'自燃'这个词从新能源汽车的字典里彻底抹掉。"对于比亚迪来说，新能源汽车的安全一直很受重视，至今比亚迪一直保持着新能源汽车蓄电池安全零事故的成绩。多年来，比亚迪也一直致力于在蓄电池安全方面的创新，希望彻底解决新能源汽车安全痛点，引领全球动力电池技术发展。

新能源汽车的第一要义便是高安全，一款新蓄电池出来以后要经过多种安全测试，关于蓄电池安全的测试多达300种以上，而针刺试验是业界公认蓄电池安全测试中的"珠穆朗玛峰"。

目前，市面上的电动汽车蓄电池主要以三元锂蓄电池和磷酸铁锂蓄电池为主，对刀片蓄电池和这两种蓄电池同时进行针刺试验，可以发现刀片蓄电池的表现更优异。三种动力电池针刺试验如图2-46所示。

三种动力电池针刺对照试验结果

三元锂蓄电池
剧烈燃烧
表面温度超过500℃

磷酸铁锂块状蓄电池
无明火、有烟
表面温度200~400℃

比亚迪"刀片蓄电池"
无明火、无烟
表面温度30~60℃

图2-46　三种动力电池针刺试验

目前广泛应用于乘用车的三元锂蓄电池，在针刺瞬间表面温度迅速超过500℃并开始剧烈燃烧，蓄电池表面的鸡蛋也被炸飞。

续航里程稍短、但稳定性更高的传统磷酸铁锂块状蓄电池，针刺之后无明火、有烟，表面温度达到200~400℃，在这样的温度下鸡蛋已被烤焦。

比亚迪"刀片蓄电池"，在针刺后无明火、无烟，蓄电池表面温度维持在30~60℃，蓄电池表面的鸡蛋丝毫无损。

从针刺试验可以轻易得出结果，即刀片蓄电池确实比三元锂蓄电池和磷酸铁锂蓄电池更加安全。可以说，成功通过"针刺"试验的刀片蓄电池代表着全球动力电池安全新高度。

刀片蓄电池是基于磷酸铁锂技术的创新，因此具备磷酸铁锂蓄电池放热启动温度高、温升慢、产热少、分解不释放氧气等优势；刀片蓄电池单体蓄电池变长变薄，表面积也随之增大，整体散热性更优秀；刀片蓄电池发生短路的电路比较长，产生的热量会比较少，所以刀片蓄电池针刺的表现非常完美。比亚迪全方位高温"陶瓷蓄电池"技术，让刀片蓄电池的安全性得到大幅度提升。除了高安全性，刀片蓄电池还具备长续航、高强度两大优势。

刀片蓄电池长度可达2m，厚度却很薄，在成组时可以跳过"模组"，直接组成蓄电池包，空间利用率相比传统蓄电池包提升了50%，在同样的空间里便可以安装更多的蓄电池，从而在续航里程上比肩三元锂蓄电池。

刀片蓄电池因形状如刀片，"刀锋面"便拥有超高的强度，想要弯折并不容易。其蓄电池包由100个以上刀片蓄电池组成，这100个本身强度就很高的蓄电池便充当蓄电池包的

"梁",同时其在上下两个面设置两块高强度板,形成100根"梁"加两个强度板的结构,使得自身强度进一步提升。

比亚迪"刀片蓄电池"证明了安全和续航里程可兼得,在动力电池技术、新能源汽车发展中,再次展现了自己的实力,可以说是一场近乎完美的蓄电池业界的重大革新。

总而言之,刀片蓄电池采用磷酸铁锂正极材料带来了超强的安全性及超高的循环寿命。同时它的结构设计克服了传统磷酸铁锂蓄电池能量密度低的劣势。刀片蓄电池的体积能量密度已经与811三元锂蓄电池接近,单次充电可满足600km的续航需求。

刀片蓄电池将在比亚迪汉EV上率先搭载应用,其他车型暂无规划。因此,比亚迪汉EV不仅会成为新能源领域具备最高安全属性的乘用车,更可提供更强劲的动力输出和加速能力。比亚迪汉EV与刀片蓄电池如图2-47所示。

图2-47 比亚迪汉EV与刀片蓄电池

单元4 国内常见纯电动汽车的动力电池

国内纯电动汽车比较常见的有：北汽EX360、吉利帝豪EV450、长安逸动EV460、国金GM3、比亚迪e5等。

一、北汽EX360动力电池基本参数与结构

1. 北汽EX360动力电池基本参数（表2-12）

表2-12 北汽EX360动力电池基本参数

动力电池额定电压/V	332.15（91×3.65）
完全充放电次数/次	2000
单体蓄电池标称电压/V	3.65
可用电量/kWh	48.1
单体蓄电池、蓄电池容量/Ah	29、145
工作温度/℃	−20~60
模组排列	5P（并）91S（串）
充电截止电压/V	4.15
放电截止电压/V	2.75

2. 北汽 EX360 动力电池结构（图 2-48）

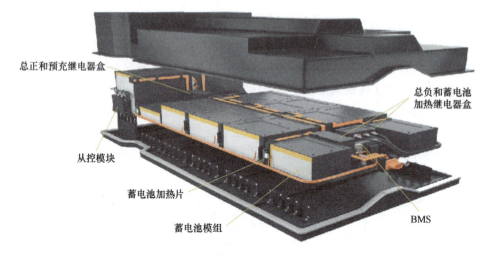

图 2-48　北汽 EX360 动力电池结构

二、吉利帝豪 EV450 动力电池基本参数与结构

1. 吉利帝豪 EV450 动力电池基本参数（表 2-13）

表 2-13　吉利帝豪 EV450 动力电池基本参数

动力电池类型	三元锂蓄电池
动力电池额定电压/V	346.75（95×3.65）（17 个模组）
峰值功率/kW	150（持续 10s）
额定功率/kW	50
动力电池工作电压范围/V	266~408.5
动力电池容量/Ah	153

2. 吉利帝豪 EV450 动力电池结构（图 2-49）

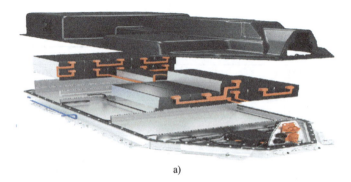

a)

图 2-49　吉利帝豪 EV450 动力电池结构

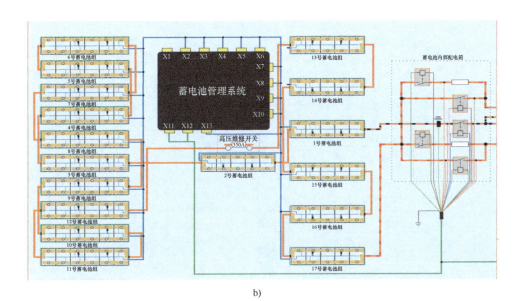

b)

图 2-49 吉利帝豪 EV450 动力电池结构（续）

三、长安逸动 EV460 动力电池基本参数与结构

1. 长安逸动 EV460 动力电池基本参数（表 2-14）

表 2-14　长安逸动 EV460 动力电池基本参数

动力电池类型	三元锂蓄电池
动力电池包总电压/V	350.4（3.65×96）（24 个模组）
动力电池包容量/Ah	150
完全充放电次数/次	2000
工作温度/℃	−20~60

2. 长安逸动 EV460 动力电池结构（图 2-50）

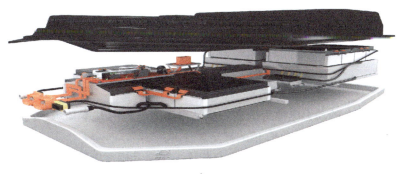

a)

图 2-50　长安逸动 EV460 动力电池结构

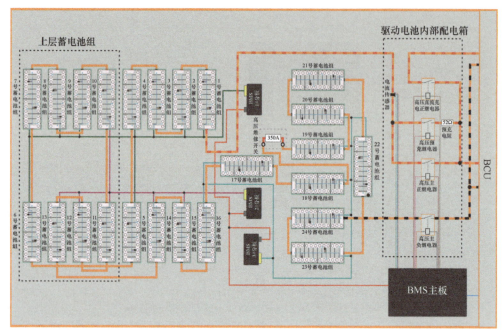

b)

图 2-50　长安逸动 EV460 动力电池结构（续）

四、国金 GM3 动力电池基本参数与结构

1. 国金 GM3 动力电池基本参数（表 2-15）

表 2-15　国金 GM3 动力电池基本参数

动力电池类型	三元锂蓄电池
动力电池包总电压/V	343.1（94×3.65）（27 个模组）
动力电池包容量/Ah	160
质量/kg	450
冷却方式	自然冷却

2. 国金 GM3 动力电池结构（图 2-51）

五、比亚迪 e5 动力电池基本参数与动力电池铭牌

下面以比亚迪 e5 的动力电池为例进一步学习动力电池的基本知识、内部结构、实训检测、数据流分析、更换流程与 SOC 值的标定。

现阶段，比亚迪纯电动车型已经基本全部换上了三元锂蓄电池组，即为正极材料使用镍钴锰酸锂三元正极材料的锂蓄电池。采用轻量化模组设计后，蓄电池组的重量比常规化设计降低了 44%；轻量化材料的运用，使得蓄电池组的能量密度增大，从而大幅度地提升了车辆的续航里程，比亚迪 e5 也采用了三元锂蓄电池组，续航里程可达 405km。

模块二 纯电动汽车动力电池系统

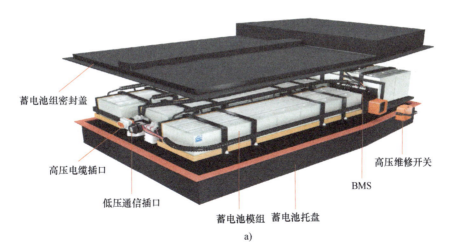

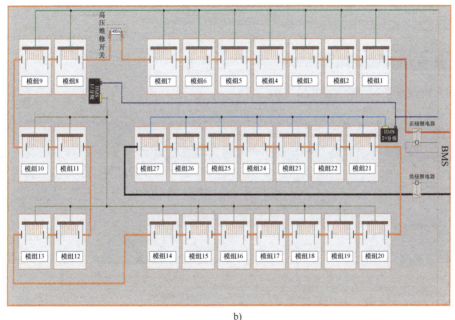

图 2-51 国金 GM3 动力电池结构

1. 比亚迪 e5 动力电池基本参数（表 2-16）

表 2-16 比亚迪 e5 动力电池基本参数

动力电池总电压/V	394.2（3.65×108）
完全充放电次数/次	2000
动力电池包容量/Ah	130（51.2kWh）
动力电池包额定电量/kWh	51.2
工作温度/℃	-20~60
动力电池包接口	11#蓄电池负极；1#蓄电池正极
连接方式	11 个模组串联组成
模组排列	10（10S）+1（8S）
管理方式	分布式管理
BMS 安装位置	安装在蓄电池包外部

67

比亚迪 e5 纯电动汽车综合工况电能消耗量为（10~13kWh）/100km，比亚迪 e5 蓄电池组额定电量为 51.2kWh，换算下来续航里程在 400km 左右。纯电动汽车若按工业用电 1.2 元/kWh 计算，出行成本为 0.12~0.156 元/km，相对于传统汽油车出行的成本大幅降低。

2. 比亚迪 e5 动力电池铭牌（图 2-52）

图 2-52　比亚迪 e5 动力电池铭牌

六、比亚迪 e5 动力电池结构

1. 动力电池的蓄电池模组排列（图 2-53）

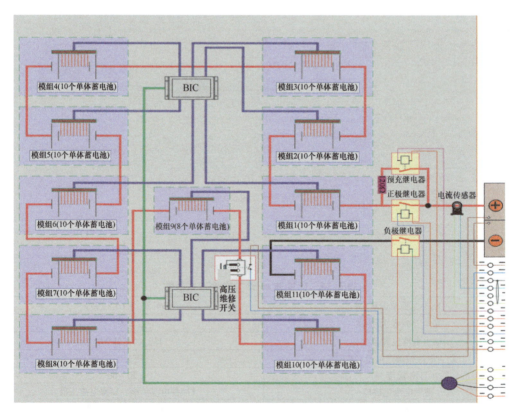

图 2-53　动力电池的蓄电池模组排列

2. 动力电池的实物图（图 2-54）

图 2-54 所示动力电池由 11 个模组组成，其中 1~8 号模组和 10~11 号模组里每个都是

图 2-54　动力电池的实物图

由 10 个单体蓄电池串联组成，只有 9 号模组是由 8 个单体蓄电池串联组成，其中 11 号模组的负极作为整个蓄电池包总负输出（连接总负极继电器输入端），1 号模组的正极作为整个蓄电池包总正输出（连接总正极继电器输入端），故一共有 108 个单体蓄电池，其单体蓄电池的顺序是从 11 号模组开始的，即第 1~10 号单体蓄电池在 11 号模组里面，第 11~20 号单体蓄电池在 10 号模组里面，第 21~28 号单体蓄电池在 9 号模组里面（9 号模组只有 8 个单体蓄电池），以此类推，1 号模组的单体蓄电池就是第 99~108 号。该蓄电池包额定总电压为 392.4V，实测总电压为 420V（电量比较足的情况）（图 2-55）。

温馨提示：由于此操作存在高压电危险，故不要求师生操作

图 2-55　实测总电压

3. 动力电池的模组结构（图 2-56）

图 2-56 所示模组一共由 10 个单体蓄电池串联组成，一共有 11 条电压采集线（绿色箭

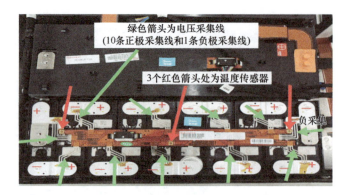

图 2-56 动力电池的模组结构

头所指为电压采集线，10 条正极采集线和 1 条负极采集线）和 3 条温度采集线（图 2-56 中 3 个红色箭头处为温度传感器）。其单体蓄电池额定电压为 3.65V，故模组额定电压为 36.5V；实测单体蓄电池电压为 3.95V，模组电压为 39.45V（电量比较足的情况）（图 2-57）。

温馨提示：由于此操作存在高压电危险，故不要求师生操作
图 2-57 单体蓄电池电压和模组电压

4. 动力电池内部配电箱结构（图 2-58）

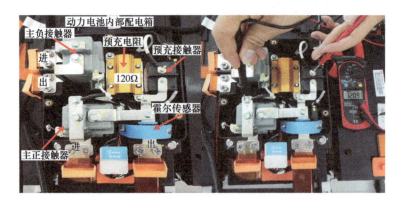

温馨提示：由于此操作存在高压电危险，故不要求师生操作
图 2-58 动力电池内部配电箱结构

动力电池内部配电箱内主要由主负接触器、主正接触器、预充接触器、预充电阻、霍尔式传感器等组成,其中预充电阻为120Ω,实测120.9Ω。

5. 霍尔式传感器的基本结构和原理

霍尔电流电压传感器是用来检测电流电压的新一代传感器。霍尔电流电压传感器是一种先进的、能隔离主电路和控制电路的磁电检测元件,由于它具有测量精度高、线性好、频带宽、响应快、可在线进行即时方便的测量和被测电路能量损失微小等优良特点和电性能指标,因而被广泛应用于多个领域,在汽车制造与运用方面尤为突出。霍尔式传感器的基本结构和组成示意图如图2-59所示。

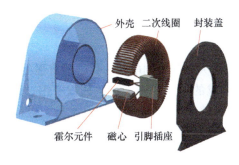

图2-59 霍尔式传感器的基本结构和组成示意图

(1)霍尔效应 将载电流导体置于磁场中时,会在垂直于电流及磁场的方向上产生电压,此现象称为霍尔效应,霍尔效应原理示意图如图2-60所示。

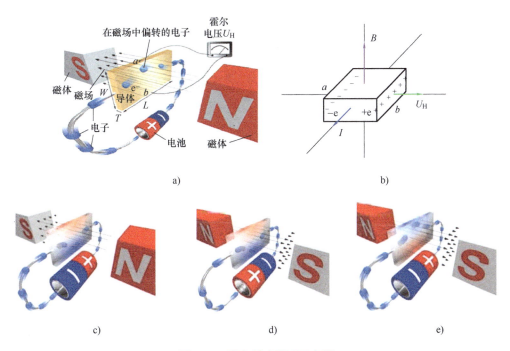

图2-60 霍尔效应原理示意图

将载流导体或半导体板放在磁场中,使磁场方向垂直于电流 I 方向,此时在导体或半导体板中运动的自由电子 e 会受到洛伦兹力 F_L 的作用，根据左手定则判断电子 e 受力的方向，电子会偏离到金属板的 a 端，同时还会在 b 端感应出正电荷。所以，在导体板的 a 与 b 之间就会产生电势差 U_H，此电势差 U_H 在导体中产生一个霍尔电场。当自由电子 e 上的电场力 F_E 和洛伦兹力 F_L 平衡时，自由电子 e 不再偏移，输出的霍尔电压 U_H 也保持稳定。霍尔元件中，霍尔电压 U_H 与电流 I 和磁感应强度 B 之间的关系为

$$U_H = K_H IB$$

式中　U_H——霍尔元件的输出电压（霍尔电压）（V）；

　　　K_H——霍尔元件的灵敏度，是指在单位磁感应强度和单位控制电流时，输出霍尔电压的大小，一般要求它越大越好；

　　　I——霍尔元件的控制电流（A）；

　　　B——磁感应强度（T）。

上式表明，霍尔电压 U_H 的大小与控制电流 I 和磁感应强度 B 的乘积成正比。霍尔电流传感器是按照霍尔效应原理制成的，它对安培定律加以应用，即在载流导体周围产生一正比于该电流的磁场，用霍尔器件来测量这一磁场的大小，进而确定载流导体的电流，从而使非接触的方式测量电流成为可能，即通过测量霍尔电压的大小间接测量载流导体电流的大小。

（2）霍尔式传感器的分类　霍尔电流传感器分为开环式（直测式）霍尔电流传感器和闭环式（磁平衡式）霍尔电流传感器，而霍尔电压传感器一般都采用闭环式（磁平衡式）的结构。

1）开环式（直测式）霍尔电流传感器。开环式（直测式）霍尔电流传感器原理如图 2-61 所示。

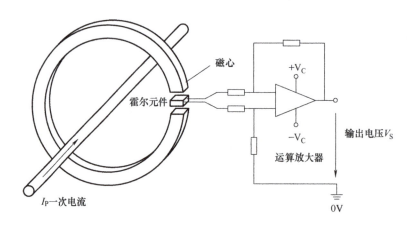

图 2-61　开环式（直测式）霍尔电流传感器原理

电路及磁路的工作过程：当导线流过电流 I_P 时，导线周围将产生一磁场，这一磁场的大小与流过导线的电流成正比，产生的磁场聚集在磁环内，磁环气隙中的霍尔元件测量并放大输出电压信号，其输出电压 V_S 精确地反映了一次电流 I_P。

2）闭环式（磁平衡式）霍尔电流传感器。闭环式（磁平衡式）霍尔电流传感器也称为补偿式传感器，其原理如图 2-62 所示。

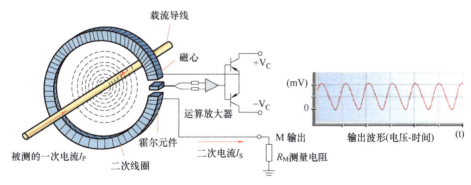

图 2-62　闭环式（磁平衡式）霍尔电流传感器原理

电路及磁路工作过程：当导线流过电流 I_P 时，导线周围产生的磁场被磁环聚集并感应到霍尔器件上，霍尔器件所产生的电压信号激励驱动功率管并使其导通，从而获得一个补偿电流 I_S，这一电流再通过多匝线圈产生磁场，该磁场与被测电流产生的磁场正好相反，起到了补偿原磁场的作用，使霍尔器件的输出电压逐渐减小。当该磁场和 I_P 所产生的磁场相等时，I_S 不再增加，这时的霍尔器件起到指示零磁通 φ 的作用，此时可以通过 I_S 来测试 I_P。当 I_P 变化时，平衡受到破坏，霍尔器件又有信号输出，即重复上述过程重新达到平衡。被测电流 I_P 的任何变化都会破坏这一平衡。一旦磁场失去平衡，霍尔器件就有信号输出，经功率放大后，立即就有相应的电流流过二次线圈以对失衡的磁场进行补偿。从磁场失衡到再次平衡，所需的时间理论上不到 1μs，这是一个动态平衡的过程。

3）闭环式（磁平衡式）霍尔电压传感器。闭环式（磁平衡式）霍尔电压传感器原理如图 2-63 所示。

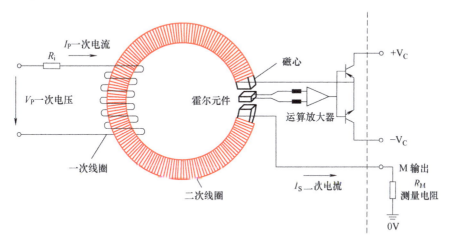

图 2-63　闭环式（磁平衡式）霍尔电压传感器原理

霍尔电压传感器的工作原理与闭环式霍尔电流传感器相似，也是以磁平衡方式工作的。一次电压 V_P 通过限流电阻 R_i 供给电流，流过一次线圈产生磁场，聚集在磁环内，通过磁环气隙中的霍尔元件输出电压信号控制流过二次线圈的二次电流 I_S 产生磁场，对原磁场进行补偿，其二次电流 I_S 可精确反映一次电压 V_P。

闭环式霍尔电流、电压传感器在响应时间和精度上要比开环式的好很多。开环式和闭环式都可以监测交流电，一般开环式的适用于大电流监测，闭环式的适用于小电流监测。

（3）霍尔电流传感器的主要技术指标　应用霍尔效应开环原理的电流传感器，能在电隔离条件下测量直流、交流、脉冲以及各种不规则波形的电流。FS300E2 霍尔电流传感器外形图如图 2-64 所示。该霍尔电流传感器的精确度很高，误差小，适用于蓄电池供电监测中的电流检测和电流反馈环节。

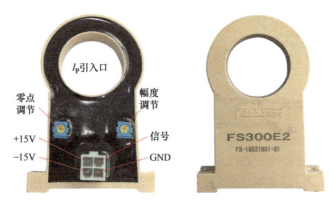

图 2-64　FS300E2 霍尔电流传感器外形图

6. 比亚迪 e5 动力电池的外部低压插头与高压插头（图 2-65）

图 2-65　动力电池的外部低压插头与高压插头

（1）动力电池低压插头　该插头是一个 33 针线束插头，其线束主要有采集器的电源线、蓄电池子网通信线、高压互锁线、接触器电源线和控制线。动力电池低压插头如图 2-66 所示。动力电池低压插头各端子定义见表 2-17。

图 2-66　动力电池低压插头

表 2-17 动力电池低压插头各端子定义

引脚号	端口名称与定义	线束接法	信号类型	备注
1	空脚			
2	空脚			
3	空脚			
4	蓄电池子网 CANL	BMC01-10	CAN 信号	BMC01 为 BMS 的 A 插头
5	蓄电池子网 CAN 屏蔽搭铁	BMC01-02	搭铁	
6	负极接触器电源 +12V	BMC01-16	电压信号	电源输入
7	空脚			
8	空脚			
9	空脚			
10	蓄电池子网 CANH	BMC01-01	CAN 信号	
11	通信转换模块电源 +12V	BMC01-03	电压信号	电源输入
12	空脚			
13	负极接触器控制信号	BMC01-29	电平信号	信号输入,拉低导通
14	空脚			
15	空脚			
16	通信转换模块搭铁线	BMC01-11	搭铁	
17	空脚			
18	正极接触器电源 +12V	BMC01-07	电压信号	电源输入
19	正极接触器控制信号	BMC01-22	电平信号	信号输入,拉低导通
20	预充接触器电源 +12V	BMC01-07	电压信号	电源输入
21	空脚(原分压接触器+)			
22	电流霍尔信号	BMC01-26	模拟信号	
23	电流霍尔屏蔽搭铁	BMC01-19	搭铁	
24	电流霍尔正极电源 +15V	BMC01-27	电压信号	
25	电流霍尔负极电源 -15V	BMC01-18	电压信号	
26	空脚			
27	空脚(原分压接触器-)			
28	预充接触器控制信号	BMC01-21	电平信号	信号输入,拉低导通
29	高压互锁输出	B74-12	PWM 信号	B74 为充配电总成 33 针插头
30	高压互锁输入	BMC02-04	PWM 信号	BMC02 为 BMS 的 B 插头
31	空脚			
32	空脚			
33	空脚			

(2)动力电池包高压插头(图 2-67) 图 2-67 中 1 号引脚为蓄电池包正极输出端,2 号

引脚为蓄电池包负极输出端，3号引脚和4号引脚分别为该高压插头互锁端，其中3号脚是接到蓄电池包33针低压线束插头的第30号引脚，而4号引脚则是接到蓄电池包高压维修开关互锁的一端，蓄电池包内部互锁的简图如图2-68所示。

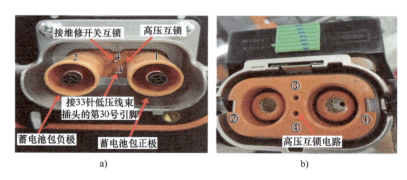

图2-67 动力电池包高压插头

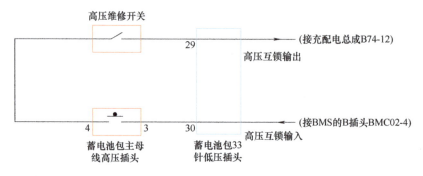

图2-68 蓄电池包内部互锁简图

七、比亚迪 e5 蓄电池管理系统（BMS）

比亚迪 e5 蓄电池管理的 A 插头的是 34 针插头，B 插头是 26 针插头。BMS 的 A、B 插座端子如图2-69所示，BMS 的 A、B 插头端子如图2-70所示。BMC01 插头端子定义（A 插头，34 针）见表2-18，BMC02 插头端子定义（B 插头，26 针）见表2-19。

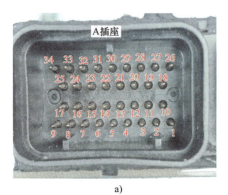

图2-69 BMS 的 A、B 插座端子

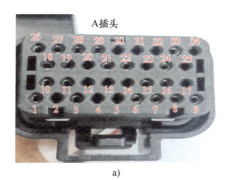
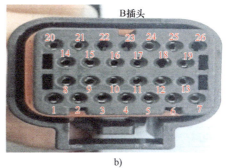

a)   b)

图2-70　BMS 的 A、B 插头端子

表2-18　BMC01 插头端子定义（A 插头，34 针）

引脚号	端子名称与定义	线束接法	信号型	备注
1	蓄电池子网 CANH	接蓄电池包33 针-10	CAN 信号	
2	蓄电池子网 CAN 屏蔽搭铁	接蓄电池包33 针-5	搭铁	
3	BMS 通信转换模块电源+12V	接电包33 针-11	电压	
4	空脚			
5	空脚			
6	直流充电唤醒信号	接直流充电口12 针-2	电平信号	
7	预充接触器电源+12V/主接触器电源+12V	接电包33 针-20 接电包33 针-18	电压	
8	充电仪表指示灯信号	仪表 G01-25	电平信号	
9	分压接触器控制信号	接电包33 针-27	电平信号	
10	蓄电池子网 CANL	接蓄电池包33 针-4	CAN 信号	
11	通信转换模块电源 GND	接电包33 针-16	搭铁	
12	空脚			
13	空脚			
14	空脚			
15	直流充电正负极接触器电源+12V	接充配电总成33 针-8	电压	
16	负极接触器电源+12V/分压接触器电源+12V	接蓄电池包33 针-6 接蓄电池包33 针-21	电压	
17	空脚			
18	电流霍尔传感器负极电源-15V	接蓄电池包33 针-25	电压	
19	电流霍尔传感器屏蔽搭铁	接蓄电池包33 针-23	搭铁	
20	空脚			
21	预充接触器控制信号	接蓄电池包33 针-28	电平信号	
22	主接触器控制信号	接电包33 针-198	电平信号	
23	空脚			
24	直流充电负极接触器控制信号	接充配电总成33 针-10	电平信号	

（续）

引脚号	端子名称与定义	线束接法	信号型	备注
25	空脚			
26	直流霍尔信号	接蓄电池包33针-22.	模拟信号	
27	电流霍尔传感器正极电源+15V	接蓄电池包33针-24	电压	
28	常电+12V	熔丝F1-7	电压	
29	负极接触器控制信号	接蓄电池包33针-13	电平信号	
30	空脚			
31	空脚			
32	空脚			
33	直流充电正极接触器控制信号	接充配电总成33针-9	电平信号	
34	空脚			

表2-19 BMC02插头端子定义（B插头，26针）

引脚号	端子名称与定义	线束接法	信号型	备注
1	常电+12V	熔丝F1-7	电压	
2	车身搭铁	车身搭铁	搭铁	
3	碰撞信号	接碰撞ECU-10	PWM信号	
4	直流高压互锁输出1	接蓄电池包33针-30	PWM信号	
5	直流高压互锁输入1	接充电成33针-13	PWM信号	
6	直流充电口温度传感器搭铁2	接直充电直12针-10	搭铁	
7	直流充电接触器烧结检测信号	接充电成33针-11	电平信号	
8	+12V（IG电）	熔丝F1-18	电压	
9	动力网CAN终端电阻并入1	BMC02-14	CAN信号	
10	交流高压互锁输出2	接充电成33针-14	PWM信号	
11	交流高压互锁输入2	接充电成33针-15	PWM信号	
12	直流充电口温度传感器搭铁1	接直充电直12针-8	搭铁	
13	直流充电口温度信号2	接直流充电口12针-9	模拟信号	
14	动力网CAN终端电阻并入2	BMC02-09	CAN信号	
15	快充电信号输入	接直流口12针-3	模拟信号	
16	动力网CAN-H	整车低压线束动力网	CAN信号	
17	动力网CAN-L	整车低压线束动力网	CAN信号	
18	空脚			
19	直流充电口温度信号1	接直流充电口12针-7	模拟信号	
20	车载充电感应信号	接充电成33针-6	模拟信号	
21	车身搭铁	车身搭铁	搭铁	
22	空脚			
23	整车CAN屏蔽搭铁	车身搭铁	搭铁	
24	直流充电子网CAN-H	接直流电口12针-5	CAN信号	
25	直流充电子网CAN-L	接直流电口12针-4	CAN信号	
26	空脚			

单元5　比亚迪e5动力电池检测实训

一、高压互锁检测

1）蓄电池包内部互锁检测：BK51-29与BK51-30电阻值≤1.0Ω。

2）高压互锁波形检测（图2-71）。

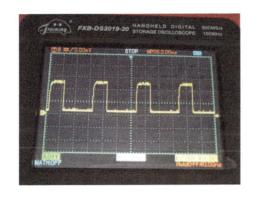

图2-71　高压互锁波形检测　　　　　　　　高压互锁波形检测

3）高压互锁波形分析（图2-72）。

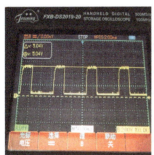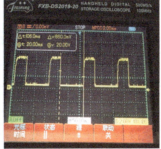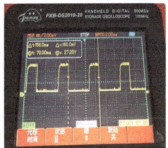

图2-72　高压互锁波形分析

移动示波器的光标显示该高压互锁波形的峰值电压是5V，属于高压互锁5V类型的HVIL；通过光标可以看到其工作时间为106ms，工作周期时间为156ms，所以该高压互锁的占空比是67.95%。

二、蓄电池包各接触器电阻、电压检测

1）电阻检测的条件：下电（关闭点火开关）-断开蓄电池负极-断开高压维修开关-拔下动力电池高低压插头。接触器线圈电阻检测如图2-73所示。

如果检测到各接触器线圈的电阻偏差很大，则说明其有问题，检查电路是否异常，若有异常应更换该接触器。

2）蓄电池包各接触器电压检测（表2-20）。

| | 正极接触器 | 负极接触器 | 预充接触器 |

序号	元件名称	引脚号	电阻值/Ω
1	正极接触器	BK51-18与BK51-19	32.0
2	负极接触器	BK51-06与BK51-13	32.0
3	预充接触器	BK51-20与BK51-28	47.0

图 2-73　接触器线圈电阻检测

检测条件：打开点火开关，不拔下插头。

表 2-20　蓄电池包各接触器电压检测

序号	元件名称	引脚号	电压值（变化）/V
1	预充接触器	BK51-20 与搭铁	12→13.6
		BK51-28 与搭铁	12→0→12→13.6
2	负极接触器	BK51-06 与搭铁	12→13.6
		BK51-13 与搭铁	12→0
3	正极接触器	BK51-18 与搭铁	12→13.6
		BK51-19 与搭铁	12→0

打开点火开关后，各接触器的电源正极线电压都是从 12V 变到 13.6V，开始 12V 是蓄电池的电压，当上电成功，DC/DC 变换器参与工作后变成 13.6V。其中预充接触器的控制线（BK51-28）与搭铁的电压是（12→0→12→13.6）V，说明有预充过程，预充完成，否则检查其电路、元件是否异常或者车是否有故障；而负极接触器和正极接触器的控制线电压都是（12→0）V，否则检查其电路、元件是否异常或者车是否有故障。

三、蓄电池包各接触器波形检测

检测条件：打开点火开关与关闭点火开关。

1. 预充接触器

预充接触器正常波形如图 2-74 所示，其在打开点火开关后的波形如图 2-74a 所示，在图 2-74b 中的 A 点是开始打开点火开关的波形，B 点是开始预充的波形，C 点是预充结束的波形，D 点是预充接触器工作结束后瞬间产生的峰值电压（一般带线圈的元件在停止工作时会产生瞬间的峰值电压）的波形，E 点是由高电位变低电位后产生的振动的波形，F 点是恢复正常（13.6V）的波形。其中 AB 段是预充的准备状态的波形，BC 段则是预充过程的波形，DEF 段则是波动过程（缓冲）的波形。

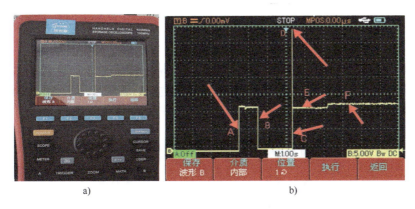

图 2-74　预充接触器正常波形　　　　　　　　　　预充接触器波形检测

移动示波器里的光标显示 AB 段预充准备的时间是 1.00s（图 2-75a）；BC 段真正预充过程的时间是 1.84s（图 2-75b）；而预充接触器准备状态的电压是 12.4V（图 2-75c）；预充接触器在停止工作后产生的峰值的电压 35.2V（图 2-75d）。

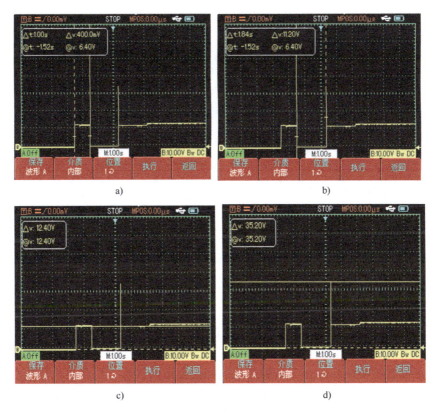

图 2-75　预充接触器波形分析

2. 负极接触器

负极接触器波形如图 2-76 所示。

图2-76a里的A点是打开点火开关后，负极接触器开始进入预备状态的波形，B点是负极接触器开始闭合进入工作状态的波形，C点则是关闭点火开关后负极接触器开始断开的波形，F点是负极接触器断开停止工作后产生的峰值电压的波形，D点是从高电位变低电位的振动状态的波形，E点是负极接触器恢复不工作状态的波形。其中AB段是负极接触器进入工作前的准备状态的波形，准备时间为1.28s（图2-76a），准备状态下的电压是12.00V（图2-76c）；而FDE段是负极接触器停止工作后的缓冲状态的波形，其缓冲时间为1.60s（图2-76b）；负极接触器在关闭点火开关停止工作后产生的峰值电压可达42.8V（图2-76d）。

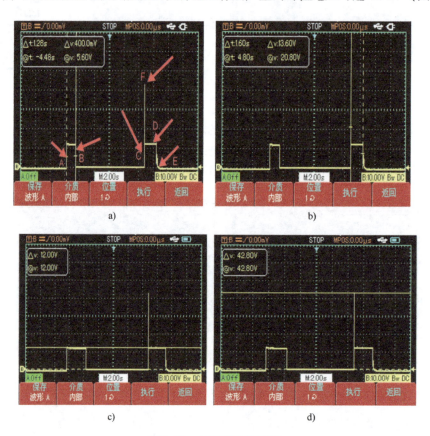

图2-76 负极接触器波形

3. 正极接触器

正极接触器的波形如图2-77所示。

图2-77a里的A点是打开点火开关后，正极接触器开始进入预备状态的波形，B点是正极接触器开始闭合进入工作状态的波形，C点则是关闭点火开关后正极接触器开始断开的波形，D点是正极接触器断开停止工作后产生的峰值电压的波形，E点是从高电位变低电位的振动状态的波形，F点是正极接触器恢复不工作状态的波形。其中AB段是正极接触器进入工作前的准备状态的波形，准备时间为2.64s（图2-77a），准备状态下的电压为12.00V（图2-77c）；而DEF段是正极接触器停止工作后的缓冲状态的波形，其缓冲时间为2.40s（图2-77b）；正极接触器在关闭点火开关停止工作后产生的峰值电压可达42.80V（图2-77d）。

模块二　纯电动汽车动力电池系统

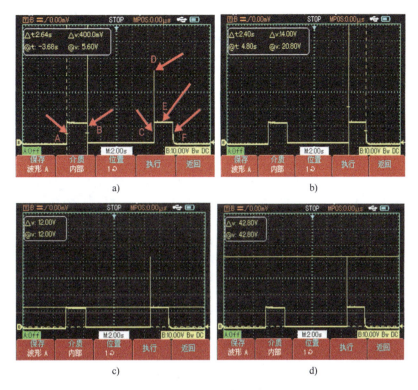

图 2-77　正极接触器波形

通过上面的分析可知，同时打开点火开关后，负极接触器进入闭合工作状态需要 1.28s，而正极接触器进入闭合工作状态需要 2.64s，由此可见，同时打开点火开关后，负极接触器进入闭合工作状态的时间要比正极接触器进入闭合工作所需要的时间短，也就是说正极接触器进入闭合要比负极接触器闭合慢 1.36s。在上电过程中，一般是总负接触器先接合，总正接触器后接合，而在下电时，一般是总正接触器先断开，总负接触器后断开。正负极接触器波形对比如图 2-78 所示。

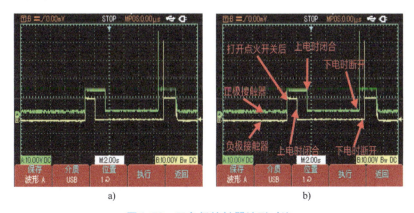

图 2-78　正负极接触器波形对比

预充接触器与负极接触器波形对比如图 2-79 所示。从图 2-79 中明显可以看出是预充接触器先闭合，负极接触器再闭合，图 2-79b 中可以看出预充接触进入闭合需要 1.0s，图 2-79c 中

83

可以看出负极接触器进入闭合需要1.36s，即负极接触器闭合要比预充接触器闭合慢0.36s，也就是说预充接触器闭合后过了360ms负极接触器才开始闭合（图2-79d）。

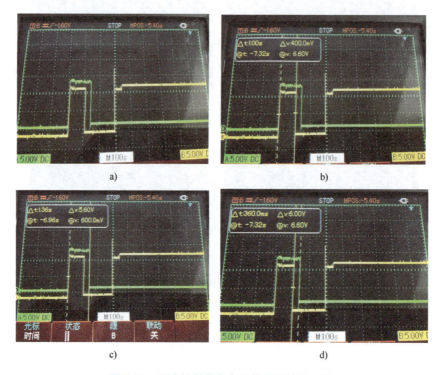

图2-79 预充接触器与负极接触器波形对比

综上所述，蓄电池包内部的三个接触器的工作顺序：在上电的时候是预充接触器先闭合，负极接触器再闭合，正极接触器最后闭合；而下电的时候是正极接触器先断开，负极接触器后断开。

四、蓄电池子网检测

1. 蓄电池子网波形（图2-80）

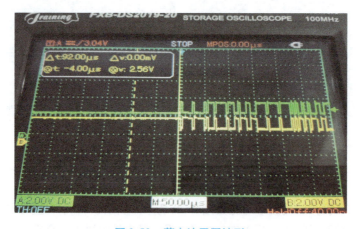

图2-80 蓄电池子网波形

2. 蓄电池子网报文（图 2-81）

```
帧ID           帧格式   帧类型   数据长度   数据
0x1801cc05    数据帧   扩展帧   0x08      02 78 0f ab 13 1a 0f 01
0x1801cc06    数据帧   扩展帧   0x08      07 7a 0f ab 02 4f 0f 01
0x000006ff    数据帧   标准帧   0x08      05 01 06 06 ff ff ff 5a
0x000007ff    数据帧   标准帧   0x08      04 e7 00 00 b6 e6 00 86
0x180bcc00    数据帧   扩展帧   0x08      05 3d 05 3d 3d 55 55 01
0x1804cc00    数据帧   扩展帧   0x08      20 02 00 00 00 00 00 00
0x180bcc01    数据帧   扩展帧   0x08      01 3d 01 3d 3d 55 55 0b
0x1804cc01    数据帧   扩展帧   0x08      23 02 00 00 00 00 00 00
0x180bcc02    数据帧   扩展帧   0x08      00 41 00 41 00 55 55 00
0x1804cc02    数据帧   扩展帧   0x08      20 02 00 00 00 00 00 00
0x180bcc03    数据帧   扩展帧   0x08      01 3d 01 3d 3d 55 55 01
0x1804cc03    数据帧   扩展帧   0x08      20 02 00 00 00 00 00 00
0x180bcc04    数据帧   扩展帧   0x08      00 41 00 41 00 55 55 00
0x1804cc04    数据帧   扩展帧   0x08      20 02 00 00 00 00 00 00
0x180bcc05    数据帧   扩展帧   0x08      01 3d 01 3d 3d 55 55 01
0x1804cc05    数据帧   扩展帧   0x08      20 02 00 00 00 00 00 00
0x180bcc06    数据帧   扩展帧   0x08      00 41 00 41 00 55 55 00
0x1804cc06    数据帧   扩展帧   0x08      20 02 00 00 00 00 00 00
0x1803cc06    数据帧   扩展帧   0x08      03 64 0f 00 65 0f 00 00
```

图 2-81　蓄电池子网报文

图 2-81 是通过 CAN 总线分析仪读出来的部分蓄电池子网报文，可以通过发送不同的 ID 和数据看出其相对应的动作来了解其相关的通信协议。

五、动力电池外壳绝缘检测、动力电池高压插接件绝缘检测

检测条件：检测前，关闭点火开关，断开低压蓄电池负极，佩戴绝缘手套拔掉高压维修开关，拔下动力电池低压插头，拔下动力电池高压输出插头，确保高压输出端无高压输出（图 2-82 测量动力电池母线电压为 62.0mV），再检测相关绝缘电阻（图 2-83～图 2-85）。绝缘检测项目见表 2-21。

表 2-21　绝缘检测项目

项 目 名 称	绝缘电阻值/MΩ
动力电池正极与外壳绝缘电阻	≥5
动力电池负极与外壳绝缘电阻	≥5
高压维修开关与手柄外壳绝缘电阻	≥5
高压插接件与外壳绝缘电阻	≥5

图 2-82　蓄电池包母线电压测量

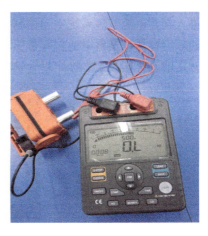

图 2-83　高压维修开关与手柄外壳绝缘电阻

图 2-84　动力电池正极与外壳绝缘电阻　　　　图 2-85　动力电池负极与外壳绝缘电阻

温馨提示：以上操作必须佩戴绝缘手套
电动汽车绝缘电阻值标准见表 2-22。

表 2-22　电动汽车绝缘电阻值标准

绝缘电阻值标准/(Ω/V)	绝缘情况
≥500	绝缘性良好
100～500	一般漏电
≤100	严重漏电

六、动力电池 SOC 值的标定

一般在更换动力电池和蓄电池管理系统（BMS）后需要对纯电动汽车的 SOC 值进行重新标定，如果不进行重新标定则会影响其使用，甚至造成车辆无法行驶。

动力电池 SOC 值的标定流程：打开点火开关，用比亚迪专用诊断仪 VDS1000（或者 VDS2000）进入车辆的蓄电池管理系统，先读取故障码并清除，确保 SOC 值标定前无故障码，然后读取其相关数据流（蓄电池包出厂 SOC 标定值和蓄电池包实际 SOC 标定值）记录好，最后进入到蓄电池管理系统主动控制菜单栏，点击蓄电池包实际 SOC 标定（%），根据蓄电池包的额定容量设定蓄电池包容量值和蓄电池包实际 SOC 值，单击确认即可标定完成。SOC 值未标定前、标定设定、标定后分别如图 2-86、图 2-87、图 2-88 所示。

动力电池电量 SOC 标定

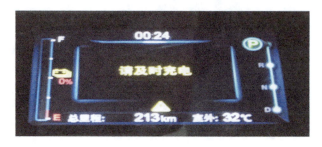

图 2-86　SOC 值未标定前

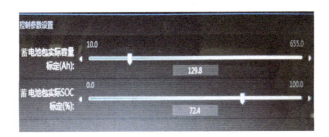

图 2-87　SOC 值标定设定

图 2-88　SOC 值标定后

比亚迪 e5 动力电池拆卸

七、动力电池的拆装以及动力电池冷却液的更换与排空

动力电池的拆装以及动力电池冷却液的更换与排空的流程：关闭点火开关，断开动力电池负极，拧开动力电池的水壶盖，拔掉高压维修开关；用举升机将车辆举升到合适的高度，佩戴绝缘手套，拔掉动力电池的蓄电池信息采样通信接插件，然后拔直流母线接插件，拔掉液冷管对接头，并用容器盛装流出来的冷却液，以免造成地面打滑；使用专用的举升设备托着动力电池，使用 18mm 套筒卸掉托盘周边紧固螺栓（一共 10 个螺栓），卸下动力电池；更换新的动力电池，佩戴绝缘手套，用万用表测试新的动力电池母线是否有电压输出，没有电压输出就更换装车，佩戴绝缘手套，将新的动力电池放到装动力电池举升设备上，并拔出高压维修开关；举升过程中，使用工具做导向，使动力电池安装孔位对准；佩戴绝缘手套，安装托盘的紧固螺栓，紧固力矩为（125±5）Nm；佩戴绝缘手套，接动力电池直流母线接插件，然后接蓄电池信息采样通信线接插件，接上液冷管对接头；佩戴绝缘手套，插上高压维修开关，装好储物盒盖板；重新标定 SOC，上电确认，车辆无故障返修完毕，入库要求车辆 SOC≥30%，如果 SOC＜30%，则需进行充电；打开前舱，加蓄电池冷却液（要求加注原厂提供的冷却液），同时使用 VDS1000 起动液冷水泵，带动冷却液进入动力电池内部管道，并进行排空，液体加注到最大位置；按下起动按钮，使车辆可以正常上电，车辆行驶 5km 后，检查动力电池冷却液是否下降，如果不下降，更换完毕。如果冷却液下降则需要补装动力电池冷却液。

注意：加注动力电池冷却液后一定要进行排空，如果不排空，由于有空气的存在会造成水泵无法正常运转，容易使动力电池无法得到冷却，而影响了动力电池的使用性能和一致性。所以在更换动力电池冷却液后一定要进行排空，用比亚迪专用诊断仪 VDS1000

（VDS2000）进行排空时，要求排空 5~10min，直到动力电池水壶里无明显水泡即可。动力电池冷却液排空如图 2-89 所示。诊断仪进入蓄电池管理系统，在蓄电池管理系统主动控制菜单栏里单击"电池冷却内循环控制"，单击"ON"起动水泵排空。

图 2-89　动力电池冷却液排空

八、比亚迪 e5 动力电池数据流分析

掌握比亚迪 e5 动力电池正常的数据流有助于了解动力电池的知识，它也能为电动汽车的故障诊断提供有力依据。比亚迪 e5 动力电池静态下的数据流见表 2-23。

表 2-23　比亚迪 e5 动力电池静态下的数据流

数 据 项 目	数　值	最 小 值	最 大 值
SOC（%）	72	0	100
蓄电池包当前总电压/V	420	0	1000
蓄电池包当前总电流/A	0.3	-500	1000
最大允许充电功率/kW	68	0	500
充电次数/次	10		
充满次数/次	0	0	65535
最大允许放电功率/kW	125.5	0	500
累计充电电量/Ah	140		
累计放电电量/Ah	122		
累计充电电能/kWh	45		
累计放电电能/kWh	39		
历史顶端电压差/mV	103	0	5000
历史低端电压差/mV	0	0	5000
当前绝缘电阻值/kΩ	13991		
放电是否允许	允许		
充电允许	未接充电		

(续)

数 据 项 目	数 值	最 小 值	最 大 值
充电感应信号-交流	无		
充电感应信号-直流	无		
预充状态	预充完成		
当前预充接触器状态	断开		
负极接触器状态	闭合		
正极接触器状态	闭合		
高压互锁1	未锁止		
高压系统	正常		
最低单体蓄电池电压/ V	3.805		
最高单体蓄电池电压/ V	3.908		
DC 工作命令	允许		
主动泄放命令	不允许		

表 2-23 是其中一辆比亚迪 e5 打开点火开关后正常静态下的数据流,不同的车其很多数据项目也会不一样,但是也有很多数值是一致的,比如各接触器的状态、高压互锁 1 的状态等,在比亚迪车型中,数据流里"高压互锁"显示"未锁止"就是代表高压互锁是正常的。

当然,用比亚迪专用诊断仪 VDS 进入到蓄电池管理系统,还可以读取动力电池的模组信息、均衡信息(每个单体蓄电池的均衡信息)、采样信息(每个单体蓄电池的采样信息)。

单元 6　比亚迪 e5 动力电池系统常见故障诊断与排除

1. 高压互锁故障

故障现象:打开点火开关,仪表板显示"请检查动力系统",OK 灯不亮,挂档无反应,车辆无法运行。高压互锁故障现象如图 2-90 所示。

图 2-90　高压互锁故障现象

故障诊断:用比亚迪专用诊断仪 VDS 进行诊断,读到蓄电池管理系统有一个故障码,故障码为 P1A6000(高压互锁 1 故障),读数据流也发现高压互锁 1 为锁止状态。高压互锁故障码如图 2-91 所示。

图 2-91　高压互锁故障码

故障检测：虽然通过诊断仪知道了该故障为高压互锁故障，但全车高压互锁点比较多，要想具体落实到故障点在哪里要对全车高压互锁点进行检查，首先检查各高压插件是否插好，高压插件松动、未插好也会造成此故障；然后检测各高压部件内部互锁是否断路，最后检查高压互锁电路是否断路等。经过检查发现，故障点在蓄电池包内部互锁，测得蓄电池包内部互锁输入端和输出端电压异常，测得蓄电池包内部互锁输入端（BK51-30）电压为 1.81V（正常），而其输出端（BK51-29）电压为 4.91V（不正常），其中 1.81V 是由蓄电池管理系统输出的互锁电压，在全车高压互锁都完整的情况下，各处的互锁电压都与蓄电池管理系统输出的互锁电压一样，而回到蓄电池管理系统的另一端互锁电压也是一样的；这里测得蓄电池包输出端电压 4.91V 是蓄电池管理系统另一端输过来的自检电压（检测断路故障）。蓄电池包内部互锁输入端电压和互锁输出端电压分别如图 2-92 和图 2-93 所示。

图 2-92　蓄电池包内部互锁输入端电压

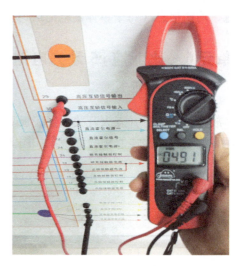

图 2-93　蓄电池包内部互锁输出端电压

该故障测得蓄电池包内部互锁输入端和输出端电压明显不一样，可以断定该互锁故障点在蓄电池包内部。蓄电池包内部互锁主要由高压维修开关和蓄电池包主母线高压插头组成，用万用表测得 BK51-29 到主母线高压插头的 4 号不导通，其他点都正常，初步断定是高压维修开关问题。拔开高压维修开关发现该处互锁里面的针片断落，造成该处互锁没有形成回路，从而造成整车高压互锁没有形成回路。

故障排除：更换高压维修开关里面的互锁针片，故障排除。

2. 预充接触器回检故障

故障现象：打开点火开关，仪表板显示"请检查动力系统"，OK 灯不亮，挂档无反应，车辆无法运行（故障现象跟前面的互锁故障一样）。预充接触器回检故障现象如图 2-94 所示。

图 2-94　预充接触器回检故障现象

故障诊断：用比亚迪专用诊断仪 VDS 进行诊断，读到蓄电池管理系统有一个故障码，故障码为 P1A3F00（预充接触器回检故障），读数据流发现"预充未完成"和"预充接触器断开"，数据流显示高压互锁 1 为未锁止状态（代表高压互锁是正常的）。预充接触器回检故障码如图 2-95 所示。

图 2-95　预充接触器回检故障码

故障检测：通过诊断仪锁定了故障点（预充接触器），首先用万用表电阻档测得 BK51-20 与 BK51-28 之间的电阻为正常值，排除是线圈断路造成的故障；然后用万用表电压档测得 BK51-28 与搭铁之间的电压在打开点火开关时，其电压值没有（12→0→12→13.6）V 的变化，初步怀疑是预充接触器回检（控制线）电路断路，最后用万用表测量发现蓄电池管理系统 BK45（A）-21 端与蓄电池包低压插头 BK51-28 之间不导通，存在断路，确定该故障是由预充接触器回检（控制线）电路断路造成的。

故障排除：更换或维修预充接触器回检（控制线）线束后，故障排除。

3. 负极接触器回检故障

故障现象：打开点火开关，仪表板显示"请检查动力系统"，OK 灯不亮，挂档无反应，车辆无法运行（故障现象跟前面两个故障现象一样，但用试灯可以测出预充接触器闭合一会又断开了）。负极接触器回检故障码如图 2-96 所示。

故障诊断：用比亚迪专用诊断仪 VDS 进行诊断，读到蓄电池管理系统有两个故障码，故障码为 P1A3D00（负极接触器回检故障）和 P1A3400（预充失败故障），数据流显示高压

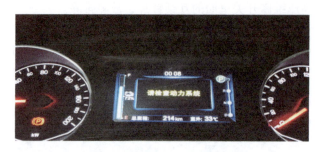

图 2-96　负极接触器回检故障码

互锁 1 为未锁止状态（代表高压互锁是正常的）。负极接触器回检故障码如图 2-97 所示。

图 2-97　负极接触器回检故障码

故障检测：通过诊断仪锁定故障点（负极接触器），首先用万用表测得 BK51-06 与 BK51-13 之间的电阻正常，排除是负极接触器线圈断路造成的故障；然后用万用表电压档测得 BK51-13 与搭铁之间的电压在打开点火开关时一直都是 12V，没有从 12V 到 0V，说明负极接触器未闭合，初步怀疑是负极接触器回检（控制线）电路断路，最后用万用表测量蓄电池管理系统 BK45（A）-29 端与蓄电池包低压插头 BK51-13 之间的导通性，发现两者不导通存在断路，确定该故障是由正极接触器回检（控制线）电路断路造成的。

故障排除：更换或维修负极接触器回检（控制线）线束后，故障排除。

4. 正极接触器回检故障

故障现象：打开点火开关，仪表板显示"请检查动力系统"，OK 灯不亮，挂档无反应，车辆无法运行（故障现象跟前面三个故障现象一样）。正极接触器回检故障现象如图 2-98 所示。

图 2-98　正极接触器回检故障现象

故障诊断：用比亚迪专用诊断仪 VDS 进行诊断，读到蓄电池管理系统有一个故障码，故障码为 P1A3E00（正极接触器回检故障）。正极接触器回检故障码如图 2-99 所示。

图 2-99　正极接触器回检故障码

故障检测：通过诊断仪锁定故障点（正极接触器），首先用万用表电阻档测得 BK51-18 与 BK51-19 之间的电阻为正常值，排除是线圈断路造成的故障；然后用万用表电压档测得 BK51-19 与搭铁之间的电压在打开点火开关时一直都是 12V，没有从 12V 到 0V 的变化，正极接触器未闭合，初步怀疑是正极接触器回检（控制线）电路断路，最后用万用表测量蓄电池管理系统 BK45（A）-22 端与蓄电池包低压插头 BK51-19 之间的导通性，发现两者不导通存在断路，确定该故障是由正极接触器回检（控制线）电路断路造成的。

故障排除：更换或维修正极接触器回检（控制线）线束后，故障排除。

5. 霍尔式传感器信号故障

故障现象：打开点火开关，仪表板显示可正常挂档行驶，OK 灯点亮，但是挂档加速后发现仪表板左边的功率表指针不动，转速表正常（此时车速为 40km/h）。霍尔式传感器信号故障现象如图 2-100 所示。

图 2-100　霍尔式传感器信号故障现象

故障诊断：用比亚迪专用诊断仪 VDS 进行诊断，发现无故障码，读取数据流发现当前的总电流为 -0.2A（电流无变化）。初步怀疑故障是由于霍尔式传感器故障造成电流无变化，从而造成功率表无变化。

故障检测：检查霍尔式传感器的供电电压和搭铁线都正常，但用万用表的电压档测得霍尔式传感器的信号电压异常，测得霍尔式传感器信号电压为 14.90V（霍尔式传感器正常信号电压如图 2-101 所示）。怀疑是霍尔式传感器信号电路断路造成的故障，用万用表测量蓄电池包 BK51-22 端与蓄电池管理系统 BK45（A）-26 端之间的导通性，发现两者不导通存在断路。故确定该故障是由于霍尔式传感器信号电路断路造成的。霍尔式传感器正常信号电压和不正常信号电压分别如图 2-101 和图 2-102 所示。

图 2-101 霍尔式传感器正常信号电压

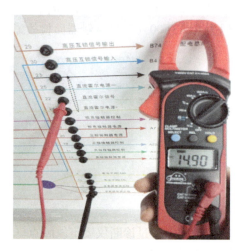
图 2-102 霍尔式传感器不正常信号电压

故障排除：更换或维修霍尔式传感器信号线束后，故障排除。

6. 采集器（BIC）供电故障

故障现象：打开点火开关，OK 灯不亮，仪表板右边出现动力电池故障指示灯，挂档无反应，车辆无法运行。采集器（BIC）供电故障现象如图 2-103 所示。

图 2-103 采集器（BIC）供电故障现象

故障诊断：用比亚迪专用诊断仪 VDS 进行诊断，发现蓄电池管理系统里有 7 个故障码，显示都是采集器（BIC）通信超时，通过诊断仪诊断初步怀疑是采集器与 BMS 通信故障和采集器不工作故障（采集器供电故障）。而且此时诊断仪也无法读取采样信息、均衡信息等。采集器（BIC）供电故障码如图 2-104 所示。

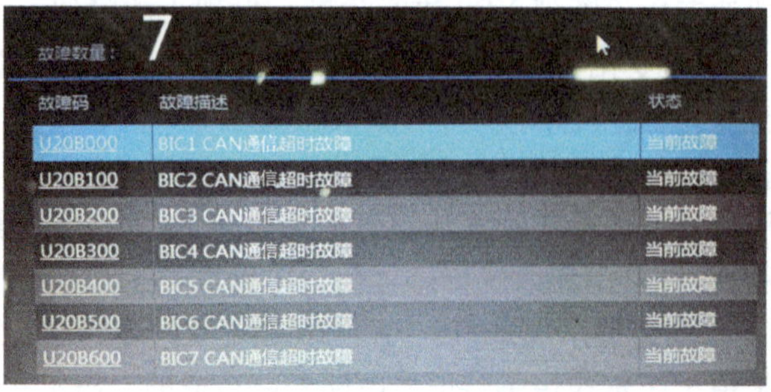

图 2-104 采集器（BIC）供电故障码

故障检测：首先检查采集器与 BMS 通信线，检测其通信线电压异常（也有可能是采集器没供电造成的异常），再测得其通信线从采集器端到 BMS 端的导通性为正常。最后测得采集器端供电电压为 0V，而 BMS 输出端有 12V（采集器的电源电压是由 BMS 输送的），测得采集器的供电 BK51-11 端与 BMS 的 BK45（A）-3 端之间的导通性，发现两者不导通存在断路。故该故障是由于采集器供电电源线发生断路造成的。

故障排除：更换或维修采集器供电电源线束后，故障排除。

7. 采集器（BIC）与 BMS 通信故障

故障现象：打开点火开关，OK 灯不亮，仪表板右边出现动力电池故障指示灯，挂档无反应，车辆无法运行（故障现象与采集器供电故障现象一样）。采集器（BIC）与 BMS 通信故障现象如图 2-105 所示。

故障诊断：用比亚迪专用诊断仪 VDS 进行诊断，发现蓄电池管理系统里

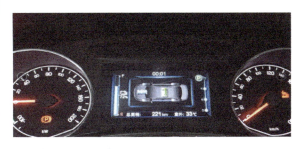

图 2-105　采集器（BIC）与 BMS 通信故障现象

有 7 个故障码，显示都是采集器（BIC）通信超时，通过诊断仪诊断初步怀疑是采集器与 BMS 通信故障和采集器不工作故障（采集供电故障）。而且此时诊断仪也无法读取采样信息、均衡信息等。采集器（BIC）与 BMS 通信故障码如图 2-106 所示。

故障检测：首先检测采集器供电电源正极与负极，经检查供电正常，排除是供电故障造成的故障；然后检测发现其通信线电压异常，再用万用表测量其通信线从采集器端到 BMS 端的导通性，测得 BK51-4 与 BK45（A）-10 导通，BK51-10 与 BK45（A）-1 不导通，也就是蓄电池子网的 CAN-H 断路，因此故该故障是由于蓄电池子网 CAN-H 断路造成的。

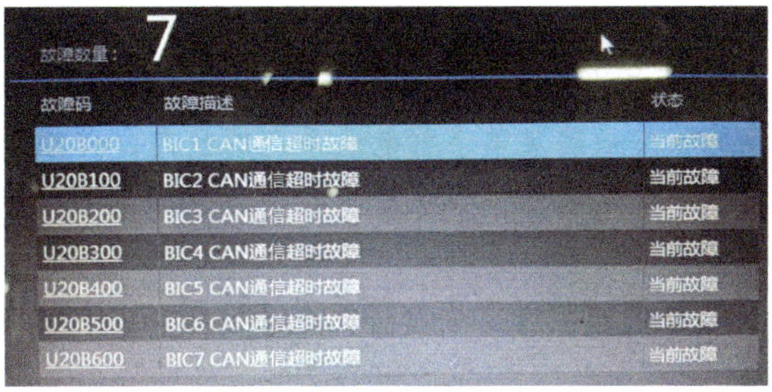

图 2-106　采集器（BIC）与 BMS 通信故障码

故障排除：更换或维修采集器与 BMS 之间的蓄电池子网 CAN-H 线束后，故障排除。

8. BMS 供电故障

故障现象：打开点火开关，仪表板亮了很多故障灯，如"动力故障指示灯""低压充电指示灯""动力电池温度过高警告灯""冷却液温度过高警告灯""动力电池故障指示灯"等；仪表板的 SOC 值为 0，显示"请及时充电""请检查动力系统"等；起动按钮亮橙色灯，前舱风扇进入高速运转。BMS 供电故障现象如图 2-107 所示。

故障诊断：用比亚迪专用诊断仪进行诊断，发现出现很多与 BMS 通信有关故障码，而且诊断仪无法进入蓄电池管理系统（BMS），发生如此现象有三种可能，一是 BMS 供电故障，造成 BMS 无法工作；二是 BMS 动力网通信故障；三是 BMS 本身烧损。

故障检测：首先检查 BMS 的供电电源线是否有电压，用万用表电压档测量 BK45（A）-28、BK45（B）-1 与搭铁之间的电压，测得 BK45（A）-28、BK45（B）-1 与搭铁之间的电压

为0V，初步怀疑其上游熔丝（BMS供电熔丝）熔断或者其电路有故障，打开熔断器盒盖，拔出熔丝F1-7，发现其熔断；故该故障是由于熔丝F1-7熔断造成的。

故障排除：更换新的熔丝到F1-7处，故障排除。

通过前面的故障可知：故障现象相同时故障点可能不一样，所以要学会利用有效的仪器设备锁定故障范围，快速找到故障点进行排除。要学会故障的诊断思路才能更加快速、有效地排除故障。动力电池系统除了前面提到的一些故障，还有动力电池单体蓄电池故障、动力电池温度过热、动力电池电量异常等故障。不管什么故障，只要了解了它们的控制策略、掌握了故障的诊断思路、学会使用专业诊断仪，都能快速解决问题。

图 2-107　BMS 供电故障现象

小结

1. 常见的动力电池主要有铅酸蓄电池、镍氢蓄电池、锂蓄电池、燃料电池、石墨烯蓄电池、超级电容器等，目前市场占有量比较大是磷酸铁锂蓄电池和三元锂蓄电池。

2. 蓄电池管理系统（Battery Management System，BMS）通过检测蓄电池组中各单体蓄电池的状态来确定整个蓄电池系统的状态，并根据它们的状态对动力电池系统进行对应的控制调整和策略实施，实现对动力电池系统及各单体蓄电池的充放电管理以保证动力电池系统安全稳定运行。

3. 要注意电动汽车与传统汽车使用的不同之处，尤其注意高压安全。

思考题

1. 动力电池未来的发展趋势如何？
2. 动力电池回收如何处理？
3. 动力电池如何维护？
4. 目前有哪些车型的动力电池用三元锂蓄电池？
5. 纯电动汽车的日常维护有哪些作业？

测验

1. 动力电池主要由（　　）组成。
   A. 蓄电池组　　　　　　B. 托盘　　　　　　C. 密封盖
   D. 冷却管道　　　　　　E. 隔热棉
2. 纯电动汽车常见的动力电池有（　　）。

A. 磷酸铁锂蓄电池 B. 三元锂蓄电池 C. 干电池
D. 镍氢蓄电池

3. 高压互锁电压有（　　）。
A. 1V B. 2V C. 5V
D. 12V E. 15V

4. 蓄电池的SOC与蓄电池（　　）有关。
A. 充放电历史 B. 充放电电流 C. 包装形式
D. 品牌 E. 电压

5. 蓄电池的自放电率和（　　）有关。
A. 蓄电池数量 B. 电压 C. 电流
D. 时间 E. 环境温度

6. 蓄电池不一致性是指同一规格，同一型号蓄电池在（　　）等参数方面存在的差别。
A. 电压 B. 内阻 C. 容量
D. 循环寿命 E. 体积

7. 铅酸蓄电池的优点包括（　　）。
A. 技术成然 B. 适用温度宽 C. 比功率大
D. 成本低 E. 耐用

8. 以下关于锂离子蓄电池叙述中，正确的是（　　）。
A. 单体锂离子蓄电池标称电压为2.0V
B. 锂离子蓄电池比能量比一般蓄电池要高
C. 在深度放电情况下循环寿命可以达到1000次以上
D. 环保性好且无记忆效应
E. 放电电流大

9. 动力电池的应用领域有（　　）。
A. 电动车辆 B. 电动工具 C. 无线传感器
D. 小型电器 E. 手机

10. 常规充电方法包括（　　）。
A. 恒时充电法 B. 恒流充电法 C. 恒压充电法
D. 阶段充电法 E. 在线充电法

11. 动力电池最重要的特点就是（　　）。
A. 高电压 B. 高质量 C. 高功率
D. 高能量 E. 高电流

12. 以下缩写中是蓄电池管理系统关心的参数是（　　）。
A. SOC B. SOH C. DOD
D. SOR E. DCT

实训任务工单

任务工单 2-1　动力电池组成结构的认知及数据流的读取分析

任务目标	1. 说出比亚迪 e5 动力电池各主要组成部分的名称和作用。 2. 画出动力电池内部各个蓄电池组连接示意图，并标出模组号与对应的单体蓄电池数量。 3. 分析动力电池数据，并填写表单。		
车型	比亚迪 e5 电动汽车	工具	比亚迪 VDS1000 诊断仪、数字万用表
时间	90min		

具体实施如下：

1. 说出比亚迪 e5 动力电池各主要组成部分的名称，并描述各自的作用。

1）写出主要组成部分名称：

2）指出并描各自的作用：

2. 画出动力电池内部各个蓄电池组连接示意图，并标出模组号与对应的单体蓄电池数量。

3. 分析动力电池数据，并填写表单。

分析项目	数值	分析项目	数值
当前 SOC 值（%）		当前总电压/V	
当前总电流/A		蓄电池组总容量/Ah	
单体蓄电池最大电压/V		单体蓄电池最小电压/V	
单体蓄电池最高温度/℃		单体蓄电池最低温度/℃	
当前绝缘电阻值/MΩ		当前累积充电电能/kWh	
当前累积放电电能/kWh		当前累积充电电量/Ah	
当前累积放电电量/Ah		性能初步判断	

任务工单 2-2　单体蓄电池类型的认知以及主要性能指标的测量

任务目标	1. 说出实训台上对应单体蓄电池的类型，并简述各自的优缺点。 2. 分别测量出各单体蓄电池的主要性能指标。 3. 采用三并五串的连接方式组成对应的蓄电池模组，并测出各自模组的电压和容量。		
车型	比亚迪 e5 电动汽车	工具	数字万用表、内阻测试仪、容量测试仪、绝缘手套
时间		90min	

具体实施如下：

1. 说出实训台上对应单体蓄电池的类型，并描述各自的优缺点。

1）实训台上对应单体蓄电池的类型：

序号	对应单体蓄电池名称
单体蓄电池一	
单体蓄电池二	
单体蓄电池三	

2）简述各自的优缺点：

2. 分别测量出各单体蓄电池的主要性能指标。

蓄电池名称	电压/V	内阻/Ω	容量/Ah	电能/kWh
镍氢蓄电池				
磷酸铁锂蓄电池				
三元锂蓄电池				

3. 采用三并五串的连接方式组成对应的蓄电池模组，并测出各自模组的电压和容量。

模组	模组电压/V	模组容量/Ah
镍氢蓄电池模组		
磷酸铁锂蓄电池模组		
三元锂蓄电池模组		

任务工单 2-3　动力电池绝缘值和内部互锁的测量

任务目标	1. 测出实训台上常温下热敏电阻值,并画出其阻值与温度对应的变化图。 2. 测量动力电池相关的绝缘电阻值。 3. 测量动力电池内部互锁值,画出并分析当前互锁波形。		
车型	比亚迪 e5 电动汽车	工具	数字万用表、绝缘测试仪、示波器、绝缘手套
时间			45min

具体实施如下:

1. 测出实训台上常温下热敏电阻值,并画出其阻值与温度对应的变化图。

1)常温下热敏电阻值:_____。

2)画出其阻值与温度对应的变化图:

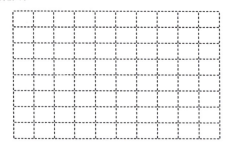

2. 测量动力电池相关的绝缘电阻值。

项目名称	绝缘电阻值/MΩ
动力电池正极与外壳绝缘电阻	
动力电池负极与外壳绝缘电阻	
高压维修开关与手柄外壳绝缘电阻	
高压插接件与外壳绝缘电阻	

3. 测量动力电池内部互锁值,画出并分析当前互锁波形。

1)动力电池内部互锁值:_____。

2)画出分析当前互锁波形:

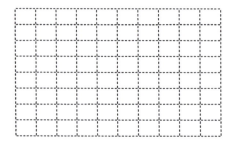

任务工单 2-4　动力电池内部各接触器上电过程的测量与分析

任务目标	1. 测量动力电池预充接触器线圈电阻和正负极接触器线圈电阻。 2. 测量预充接触器预充过程的波形并分析。 3. 同时测量正负极接触器在打开点火开关与关闭点火开关时的波形并分析。		
车型	比亚迪 e5 电动汽车	工具	数字万用表、示波器
时间	45min		

具体实施如下：

1. 测量动力电池预充接触器线圈电阻和正负极接触器线圈电阻。

序号	接触器名称	对应的引脚号	线圈电阻
1	预充接触器		
2	负极接触器		
3	正极接触器		

2. 测量预充接触器预充过程的波形并分析。

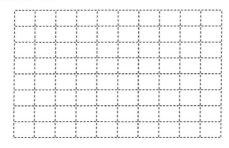

3. 同时测量正负极接触器在打开点火开关与关闭点火开关时的波形并分析。

任务工单 2-5　动力电池的拆装

任务目标	1. 描述动力电池更换的注意事项。 2. 更换动力电池。 3. 添加蓄电池冷却液与排空。 4. SOC 值标定。		
车型	比亚迪 e5 电动汽车	工具	升降机、蓄电池升降台，VDS1000、绝缘工具箱
时间		120min	

具体实施如下：

1. 描述动力电池更换的注意事项。

2. 更换动力电池作业扣分表。

项　目	扣　分	项　目	扣　分
未下电		选用工具不当	
未佩戴绝缘手套		掉螺栓	
未拔高压维修开关		未用合适紧固力矩	
未设隔离带		未安装冷却液管	
升降台放置不适		未装高压维修开关起动	
未拆蓄电池负极		未拆卸高压插件	
未打开副水箱盖		操作不规范	
举升高度不合适		安装孔未对准	
未装三件套		漏装螺栓	
未拆卸水管		未插上高压插件	
未用仪器接冷却液		未装蓄电池负极	

3. 添加蓄电池冷却液与排空。
   未排空：□　　排空未完全：□　　完成排空：□

4. SOC 值标定。
   未标定：□　　标定不正确：□　　完成标定：□

任务工单 2-6　动力电池常见故障的诊断与排除

任务目标		1. 利用比亚迪 VDS1000 诊断仪读取动力电池系统常见故障码。 2. 记录故障现象。 3. 分析故障原因。 4. 故障排除。	
车型	比亚迪 e5 电动汽车	工具	比亚迪 VDS1000 诊断仪、数字万用表
时间		90min	

具体实施如下：

1. 利用比亚迪 VDS1000 诊断仪读取动力电池系统常见故障码（1~3 个）。

1）写出操作步骤：

2）记录故障码：

2. 记录故障现象：

3. 分析故障原因：

4. 故障排除思路：

模块三

纯电动汽车充电系统

➢ **学习目标**
1. 了解交流充电系统的基本结构。
2. 掌握交流充电系统的原理。
3. 了解直流充电系统的基本结构。
4. 熟悉直流充电系统的原理。
5. 掌握使用充电设备的注意事项。
6. 掌握交流充电系统的检测。
7. 熟悉充电系统常见故障。

➢ **关键词**

单相交流充电、三相交流充电、充电桩、车载充电机、直流电、交流电、功率、占空比、DC/DC 变换器、能量回收。

➢ **学习情景**

黄女士前段时间买了一辆纯电动汽车作为日常的交通工具,一次开车到亲戚家里时,黄女士用车上便捷式充电枪在亲戚家门口给车充电,但是充不进去,认为是便捷式充电枪坏了。于是打电话到 4S 店求助,后经检查发现并不是便捷式充电枪坏了,而是她亲戚家门口的电插座缺少地线。

单元1　充电系统简介

　　动力电池作为纯电动汽车的动力来源，其能量（电能）有限，需要给动力电池补充能量时就需要给它充电。

　　电动汽车充电系统是动力电池的能源补给设施，是从供电电源提取能量对动力电池充电的电力转换装置。充电系统有交流（慢速）充电系统和直流（快速）充电系统。慢速充电系统通过慢速充电线束（充电桩慢速充电线束或家用慢速充电线束）与交流充电桩或220V家用交流插座相连，为动力电池充电；慢速充电系统将220V交流电转化为直流电，实现电动汽车动力电池的电能补给。快速充电系统通过直流充电桩对动力电池进行快速充电，实现动力电池高效、安全的电量补给。快速充电系统的特点为充电功率大、充电时间短，但充电设备成本高。

一、慢速充电系统基本结构与原理

　　电动汽车慢速充电系统主要由供电设备（交流充电桩或家用交流电源）、充电枪、慢充充电接口、车载充电机、高压线束、高压控制盒、动力电池、整车控制器（VCU）和低压控制线束等部件组成。慢速充电系统的特点是充电功率小、充电时间长，但充电设备成本低。

1. 慢速充电系统的工作要求

1）供电电源（220V 或 12V）及充电机工作正常。
2）充电连接确认信号正常。
3）充电唤醒信号（12V）输出正常。
4）动力电池单体蓄电池温度 0~45℃。
5）单体蓄电池最大电压差小于 0.3 V。
6）单体蓄电池最大温度差小于 15℃。
7）交流充电桩、整车控制器（VCU）、蓄电池管理系统（BMS）间通信正常。
8）高低压电路正常。
9）单体蓄电池最高电压不大于额定电压 0.4V。
10）绝缘电阻值大于 20MΩ。

2. 慢速充电系统的工作过程（图 3-1）

　　交流充电桩或家用 16A 供电插座提供的交流电经过车载充电机的整流、滤波、升压，转换为高压直流电，通过高压控制盒连接到动力电池。

1）交流供电：将充电枪连接到交流充电桩或家用 16A 供电插座，充电桩经充电枪向电动汽车输入交流电。
2）充电唤醒：充电枪通过充电连接（CC）线确认后，车载充电机向整车控制器（VCU）、蓄电池管理系统（BMS）发出连接确认信号和充电唤醒信号，整车控制器（VCU）唤醒仪表显示连接状态。
3）检测充电需求：蓄电池管理系统（BMS）检测动力电池是否需要充电，并计算所需充电电流。

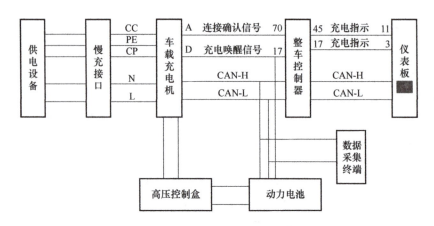

图 3-1 慢速充电系统的工作过程

4）发送充电指令：蓄电池管理系统（BMS）向车载充电机发送充电指令，蓄电池管理模块控制动力电池正、负接触器闭合，开始充电。

5）充电过程：车载充电机将外部设备提供的 220V 交流电整流为高压直流电储存到动力电池。

6）停止充电：蓄电池管理系统（BMS）检测到充电完成后，给车载充电机发送指令，车载充电机停止工作，动力电池正、负继电器断开，充电结束。

二、比亚迪 e5 交流充电系统

目前国内绝大部分的纯电动汽车的交流充电都是采用统一标准，比亚迪 e5 的交流充电口也是采用了统一标准的"七星孔"交流充电口。不同厂家的交流充电控制策略稍微有些不同。

比亚迪 e5 的交流充电过程：通过交流充电桩、壁挂式充电盒以及家用便携式充电枪接入交流充电口，通过高压电控总成将交流电转为直流高压电给动力电池充电，同时高压电控总成里的车载充电机给信号唤醒蓄电池管理系统（BMS），BMS 控制相对应的接触器闭合，让转换好的直流高压电给动力电池充电。充电系统简图如图 3-2 所示。

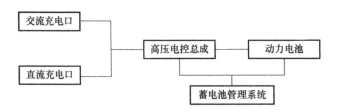

图 3-2 充电系统简图

1. 比亚迪 e5 充电口总成的位置（图 3-3）

比亚迪 e5 充电口总成隐藏在车头的中央格栅后面，通过拉动驾驶室右下方的充电口盖拉锁，该格栅弹起后可看到充电口总成。充电口总成分别布置着交流充电口和直流充电口，充电接口有照明灯。纯电动汽车充电口的位置因车而异，根据不同的整车布局、设计理念

图 3-3 比亚迪 e5 充电口总成的位置

等，其充电口的位置也不同。

2. 比亚迪 e5 交流充电的分类

交流充电按交流的相数分有单相交流充电和三相交流充电；按交流充电的功率分有 2kW、3.3kW、7kW、40kW 交流充电；按使用位置分有交流充电桩、壁挂式充电盒、家用便携式充电枪。

（1）单相交流充电和三相交流充电　单相交流充电主要是采用单相 220V 电压作为电源的充电设备，而三相交流充电主要是采用三相 380V 电压作为电源的充电设备。比亚迪 e5 的交流充电刚开始的时候（即 2016 款和 2017 款）其交流口设置是三相交流充电口，既可以进行单相 220V 的交流充电也可以进行三相 380V 的交流充电，到 2018 款和 2019 款，比亚迪 e5 的动力电池改成三元锂蓄电池后，考虑到各方面的因素，它的交流充电口就设置成了单相交流充电口，即交流充电口只允许 220V 的交流电充电。比亚迪 e5 的单相交流充电和三相交流充电及它们的充电口分别如图 3-4 和图 3-5 所示。

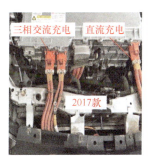

图 3-4 比亚迪 e5 的单相交流充电和三相交流充电

交流充电口端子定义如图 3-6 所示。

三相交流充电口与单相交流充电口区别主要在于单相交流充电口 NC1 和 NC2 是预留的空脚。其中 PE 为地线，CC 是充电连接线，CC 由车载充电机输出 5V 或者 12V 的充电检测电压（2018 款之前的比亚迪 e5 是 5V，2019 款的是 12V）；CP 为控制确认线，CP 由充电设备输出 12V 的检测电压（国标统一标准）。

图 3-5　比亚迪 e5 的单相交流充电口与三相交流充电口

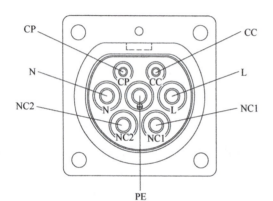

图 3-6　交流充电口端子定义

（2）壁挂式充电盒与家用便携式充电枪　壁挂式充电盒与家用便携式充电枪分别如图 3-7 和图 3-8 所示。

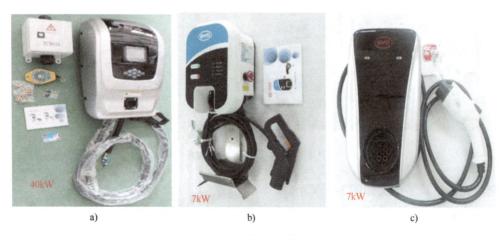

图 3-7　壁挂式充电盒
a）40kW 充电盒　b）7kW 充电盒 1　c）7kW 充电盒 2

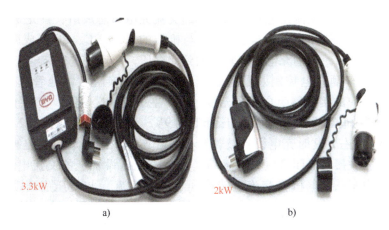

图 3-8 家用便携式充电枪

a) 3.3kW 充电枪 b) 2kW 充电枪

不同功率的交流充电装置充满动力电池的时间不同,正常情况下功率越大充电越快,因为其输出的充电电流大小不一样。不同功率的交流充电装置允许输出最大电流见表 3-1。

表 3-1 不同功率的交流充电装置允许输出最大电流

不同功率的交流充电装置	允许输出最大电流/A	枪端 CC 与 PE 之间的电阻/Ω
2kW 充电枪	8	1500
3.3kW 充电枪	16	680
7kW 充电盒或充电桩	32	220
40kW 充电盒	63	100

2017 款的比亚迪 e5 蓄电池总电压为 633.6V,容量为 75Ah,蓄电能力为 47.5kWh,如果用 40kW 的功率对其充电,则 1h 左右可充满;用 7kW 的功率对其充电,则 6~7h 可充满;用 3.3kW 的功率对其充电,则 15h 左右可充满;用 2kW 的功率对其充电,则 24h 左右可充满。

充电操作

3. 比亚迪 e5 交流充电原理

交流充电设备与车的对接图如图 3-9 所示。

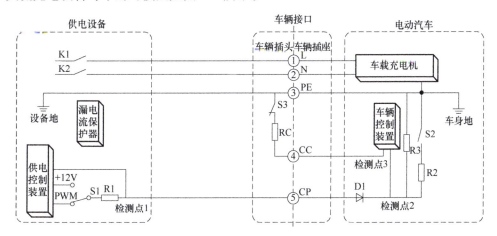

图 3-9 交流充电设备与车的对接图

其交流充电过程：当交流充电枪插入车上的交流充电口总成后，首先是车端的 CC 检测到枪端的 CC 与 PE 的电阻 RC，车端的 CC 与枪端的 CC、RC、PE 形成回路，CC 端的电压（检测点 3）降低，车辆充电控制装置收到此电压，车辆将进行充电，仪表板的充电指示灯点亮，这时车辆充电控制装置通过充电感应信号唤醒蓄电池管理系统（BMS），BMS 工作控制相对应的接触器闭合（预充接触器、主正负极接触器、交流接触器等），然后枪端的 CP 感知到车端的 R3 电阻，电压降低到 9V，当车端 S2 闭合，R2 被检测到，电压再次降低到 6V 左右，这时充电设备被告知与车的连接状态和车内的控制动作已完成，充电设备端控制相关接触器闭合（K1、K2）；最后，充电设备上的交流电经过对接口进入车载充电机，由车载充电机将交流电转换（交流变直流）与升压后给动力电池充电；同时转换成的直流高压电也流入 DC/DC 变换器，DC/DC 变换器给车上辅助蓄电池充电（对大蓄电池充电的同时也对小蓄电池充电）。总的来说，CC 用来告知车辆充电的连接状态和控制车端接触器的闭合信号，而 CP 用来告知充电设备充电就绪和控制充电设备接触器的闭合信号。

1）充电确认阶段（图 3-10）：车端的 CC 感知到枪端的 CC 与 PE 的电阻 RC，车端的 CC 与枪端的 CC、RC、PE 形成回路，枪端的 CP 与 R3 形成回路。

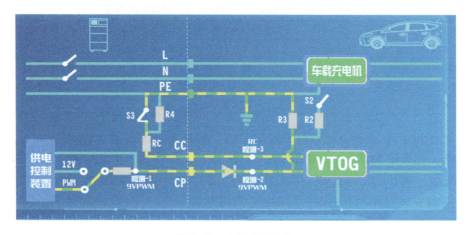

图 3-10　充电确认阶段

2）车辆充电准备（图 3-11）：CC 端的电压（检测点 3）被拉低，车辆充电控制装置接收到拉低的电压，被告知车辆要进行充电了，仪表板的充电指示灯点亮，这时车辆充电控制装置通过充电感应信号唤醒蓄电池管理系统（BMS）。

3）车辆准备就绪（图 3-12）：车辆控制装置控制 S2 闭合。

4）充电设备准备就绪（图 3-13）：充电设备控制相关接触器闭合（K1、K2）。

5）确认充电功率（图 3-14）。

6）充电过程（图 3-15）。

7）充电结束（图 3-16）：长按充电枪按钮 1~3min 拔掉充电枪。

其中充电的控制确认线 CP 输出的是一种占空比（PWM）信号，而且它的占空比因交流充电设备的功率不同而不同，一般情况下，充电设备的功率越大，它的占空比就越大。不同充电设备的占空比见表 3-2，具体值如图 3-17~图 3-19 所示。

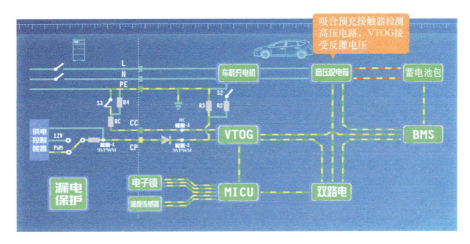

图 3-11　车辆充电准备

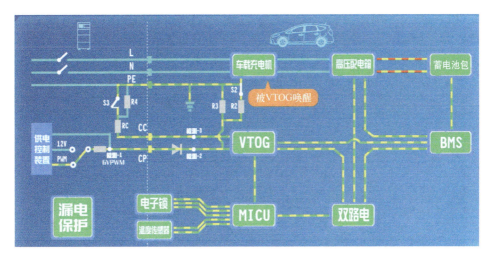

图 3-12　车辆准备就绪

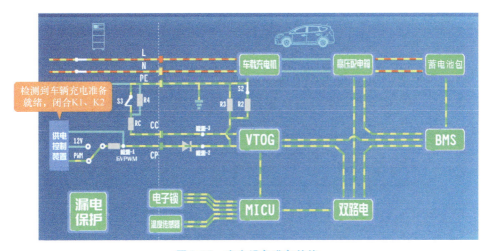

图 3-13　充电设备准备就绪

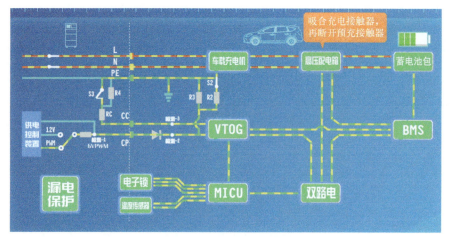

图 3-14　确认充电功率

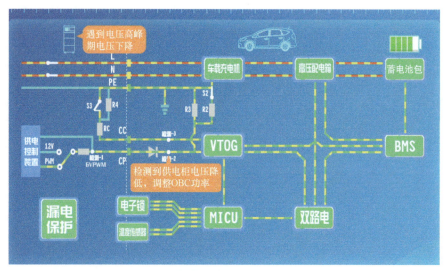

图 3-15　充电过程

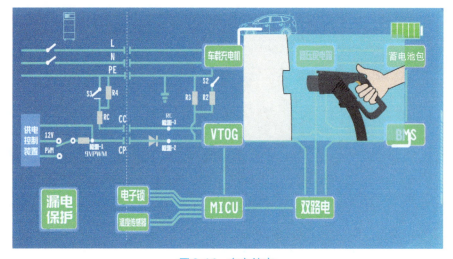

图 3-16　充电结束

表 3-2　不同充电设备的占空比

充电设备	CP 占空比（%）
3.3kW 充电枪	20～30
7kW 充电盒或充电桩	35～50
40kW 充电盒	70～80

图 3-17　3.3kW 充电设备 CP 的占空比 21%

交流充电 CP 信号
波形检测

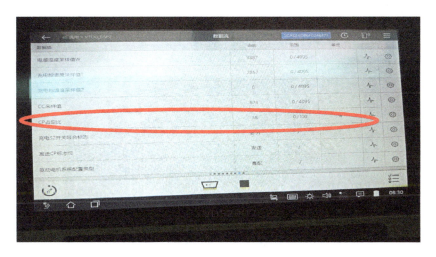

图 3-18　7kW 充电设备 CP 的占空比 38%

7kW 充电桩充电时 CP 的占空比波形如图 3-20 所示。

从图 3-21 中可以看出其电压被拉低的工作时间为 480μs，整个工作周期为 1.00ms，所以它的占空比是 48%。3.3kW 充电枪充电时的 CP 占空比波形如图 3-21 所示。

整个交流充电时序如图 3-22 所示。

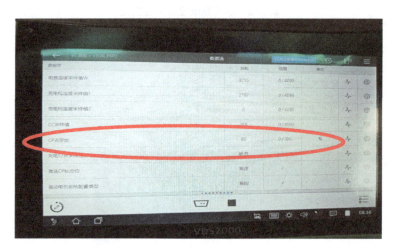

图 3-19　40kW 充电设备 CP 的占空比 80%

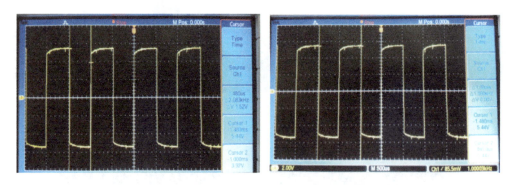

图 3-20　7kW 充电桩充电时 CP 的占空比波形

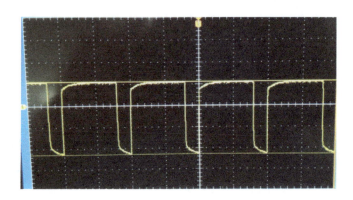

图 3-21　3.3kW 充电枪充电时的 CP 占空比波形

充电曲线图如图 3-23 所示。

交流充电流程分析：

1）第一步，预充电（A→B）：仅在蓄电池组电压低于 U_2 时进入预充电过程（蓄电池组电压低于 U_1 时充电机不启动），以 I 进行充电，电压升高到 U_2 时结束预充电过程。

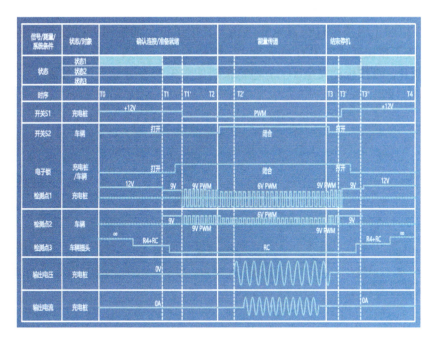

图 3-22 整个交流充电时序

2）第二步，恒流充电（B→C）：以 I_2 进行恒流充电，电压升高到 U_2 时结束恒流充电过程。

3）第三步，恒压充电（C→D）：以 U_2 进行恒压涓流充电，电流降低到 I_3 时结束整个充电过程。

正常充电状态如图 3-24 所示。

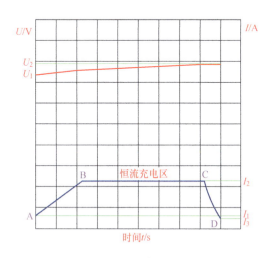

图 3-23 充电曲线图

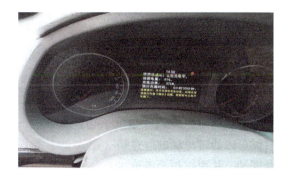

图 3-24 正常充电状态

充电成功后，仪表板中的右上角红色充电指示灯点亮，同时仪表板显示"连接已成功，正在充电中""当前电量""充电功率""预计充满时间"等。

一般情况下，当充电完成后，相应的接触器自动断开。但是若车辆还没充满电，正在充电中，这时车主急需要用车，就要注意在拔掉充电枪前要先长按下枪上的按钮 1~3min，再拔掉充电枪，以防止因拔枪过快被电弧击伤。长按了枪上的按钮可以改变充电枪里 CC 与 PE 电阻值（按下按钮变成 3.3kΩ 或无穷大，因枪而异），使车与设备停止充电了，这时相应的接触器断开，再拔枪就安全了。充电枪按钮如图 3-25 所示。

4. 交流充电锁（图 3-26）

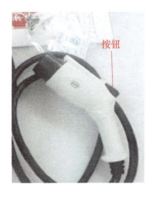

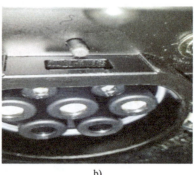

a)　　　　　　　　　　　　　　b)

图 3-25　充电枪按钮　　　　　　　图 3-26　交流充电锁

交流充电锁的功能：一是防止家用类的充电枪被偷，二是防止正在充电时枪被误拔下。充电枪把手未按下和按下分别如图 3-27 和图 3-28 所示。

图 3-27　充电枪把手未按下　　　　图 3-28　充电枪把手按下

电锁开启条件：
1）仪表设置。
2）插上充电枪。
3）闭锁车门或充电启动。

电锁的应急解锁就是电子功能失效的时候可以通过电锁的应急锁（图 3-29）拉开锁销，从而拔掉充电枪。

5. 纯电动汽车交流（慢速）充电系统优缺点

优点：①充电机及其安装成本比较低；②可充分利用电力低谷时段进行充

图 3-29　应急锁

电，降低充电成本；③可提高充电效率和延长蓄电池的使用寿命。

缺点：①充电时间过长，因此当车辆需要紧急出行时难以满足要求；②充电时占用停车场时间过长，因此对停车位的数量和环境的要求比较高。

三、直流快速充电系统基本结构与原理

鉴于动力电池常规的交流充电方式时间较长，给车辆出行带来很多不便。为此，又增加了直流快充的充电方式。直流快充又称应急充电，是通过充电桩以较大电流在电动汽车停车的 30～120min 内，为其提供短时间充电，一般充电电流为几十或上百安培。

电动汽车快速充电系统主要由直流充电桩、快充接口、高压控制盒、动力电池、整车控制器、高压线束和低压控制线束等组成。直流快速充电系统的特点为充电功率大、充电时间短，但充电设备成本高。

直流充电主要是通过充电站的充电柜将直流高压电直接通过直流充电口给动力电池充电。直流充电的模式如图 3-30 所示。

直流：200~500V，350~700V，500~950V。
直流充电电流优选值：80A、100A、125A、160A、200A、250A。

图 3-30　直流充电的模式

大部分纯电动汽车的直流充电口都是采用国标统一标准的九星孔充电口，直流充电口结构与端子定义如图 3-31 所示。

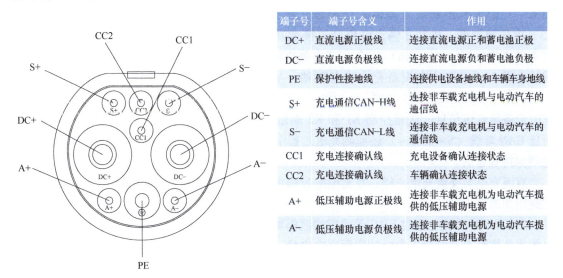

端子号	端子号含义	作用
DC+	直流电源正极线	连接直流电源正和蓄电池正极
DC-	直流电源负极线	连接直流电源负和蓄电池负极
PE	保护性接地线	连接供电设备地线和车辆车身地线
S+	充电通信CAN-H线	连接非车载充电机与电动汽车的通信线
S-	充电通信CAN-L线	连接非车载充电机与电动汽车的通信线
CC1	充电连接确认线	充电设备确认连接状态
CC2	充电连接确认线	车辆确认连接状态
A+	低压辅助电源正极线	连接非车载充电机为电动汽车提供的低压辅助电源
A-	低压辅助电源负极线	连接非车载充电机为电动汽车提供的低压辅助电源

图 3-31　直流充电口结构与端子定义

直流充电枪口与车上直流充电口实物图如图 3-32 所示。

图 3-32　直流充电枪口与车上直流充电口实物图
a）直流充电枪口　b）车上直流充电口

直流充电口车端充电口检测见表 3-3；枪端充电口检测见表 3-4。

表 3-3　车端充电口检测

车端充电口	电阻	反表笔测	电压（BMS 未工作时）	电压（BMS 工作时）
CC1 与 PE	1.0kΩ	1.0kΩ	0V	0V
CC2 与 PE	无穷大	4.57MΩ	0.1V	5V（或 12V，因车而异）

表 3-4　枪端充电口检测

枪端充电口	电阻（未按下 S 开关）	电阻（按下 S 开关）	电　压
CC1 与 PE	0.717kΩ	1.815kΩ	12V
CC2 与 PE	0.650kΩ	0.650kΩ	0V

直流充电枪口与车上直流充电口对接图如图 3-33 所示。

直流充电原理：当在车上直流充电口插上直流充电枪后，首先枪上的辅助电源（A＋和 A－）给车辆控制装置提供工作电源，然后车端的 CC2 检测到直流充电枪端的电阻 R3，电压被拉低，告知车辆充电枪已连接成功，充电准备就绪，从而控制车内直流充电的正负极接触器（K5、K6）闭合；其次是直流充电枪口端的 CC1 检测到车上直流充电口端的电阻 R4，告知充电设备充电准备就绪，从而控制充电桩的直流正负极接触器（K1、K2）闭合，同时通过 CAN 总线（S＋和 S－）识别到车上动力电池的额定电压信息，直流充电设备接收该信息，从而控制 K1 和 K2 端输出合适的直流电，对车上的动力电池充电，而且 CAN 总线（S＋和 S－）还监测充电过程中相关信息，让充电设备与车辆在充电过程中时刻保持着通信。

直流充电与交流充电一样，在充电的过程中同时也给车上的辅助蓄电池充电。直流充电控制图如图 3-34 所示。

三相 380V 交流电经过 EMC 等防雷滤波模块后进入到三相四线制电能表中，三相四线制电能表监控整个充电机工作时的实际充电电量。根据实际充电电流及充电电压的大小，充电机往往需要并联使用，因此就要求充电机拥有能够均流输出的功能，充电机经过充电枪直接给动力电池进行充电。在直流充电桩工作时，辅助电源给主控单元、显示模块、保护控制单

模块三 纯电动汽车充电系统

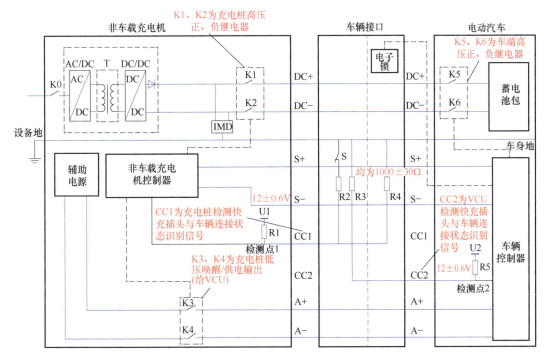

图 3-33 直流充电枪口与车上直流充电口对接图

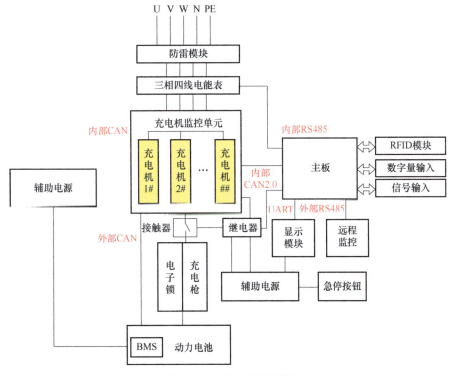

图 3-34 直流充电控制图

119

元、信号采集单元及刷卡模块等控制系统进行供电。另外，在动力电池充电过程中，辅助电源给 BMS 供电，由 BMS 实时监控动力电池的状态。

直流充电过程：

1）双方确认连接（图 3-35）。

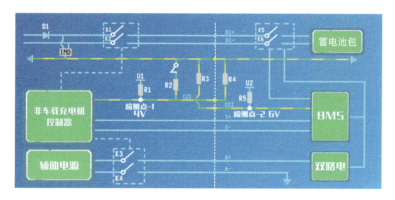

图 3-35　双方确认连接

2）车辆准备充电（图 3-36）。

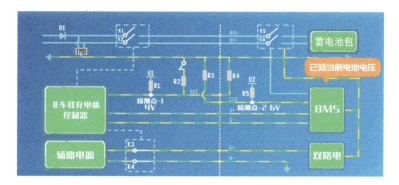

图 3-36　车辆准备充电

3）充电设备准备（图 3-37）。

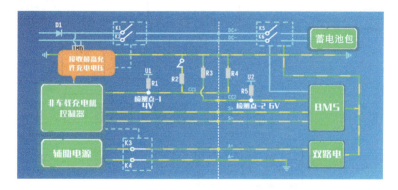

图 3-37　充电设备准备

4）充电过程（图 3-38）。

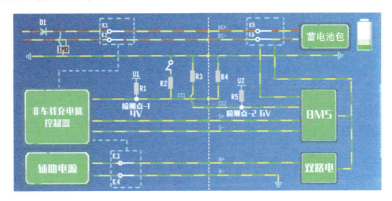

图 3-38　充电过程

5）充电结束（图 3-39）。

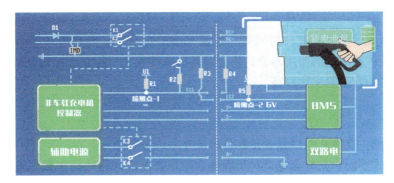

图 3-39　充电结束

整个直流充电的时序如图 3-40 和图 3-41 所示。

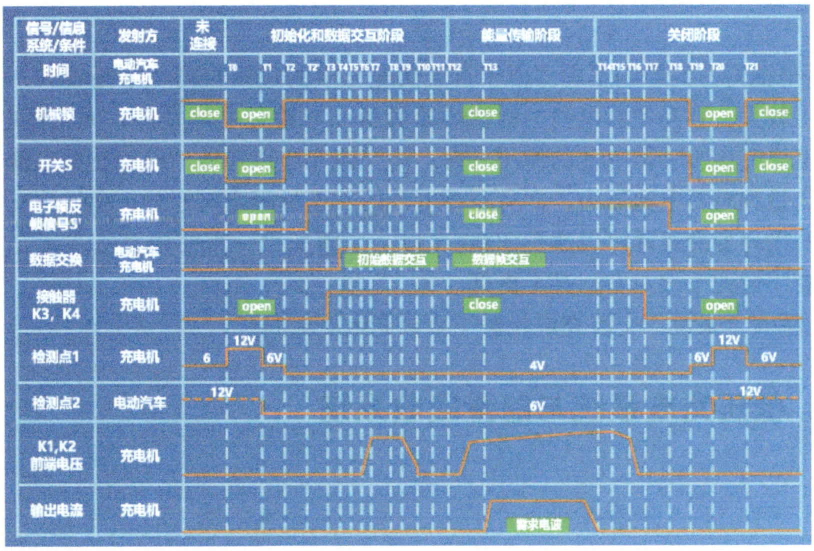

图 3-40　直流充电时序 1

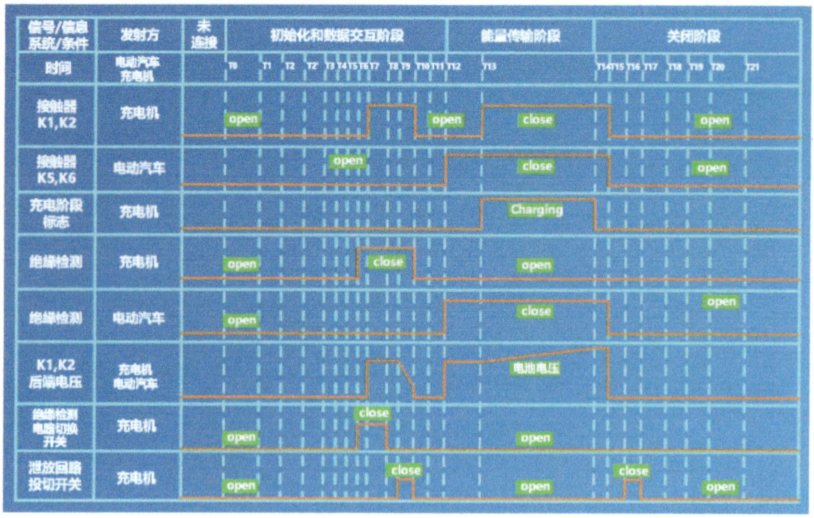

图 3-41　直流充电时序 2

直流快充模式的优点是充电时间短，方便车辆的出行；缺点是增加了电网的载荷和冲击，同时也降低了蓄电池的使用寿命。快充设备功率比较大，控制也比较复杂，成本高，安装时对接入电网的容量要求比较高。

四、交流慢充与直流快充的区别

1）结构不同：交流充电口是七星孔，直流充电口是九星孔。

2）充电方式不同：交流充电口对车辆输入的是交流电，然后经车载充电机整流升压后给动力电池充电；而直流充电口对车辆输入的是高压直流电。

3）充电快慢不同：直流充电电流大，是常规充电电流的十倍甚至几十倍，所以直流充电比交流充电要快，从而直流充电的功率也要比交流充电大。

4）成本不同：由于直流充电结构复杂，控制也比较复杂，直流充电的制作成本要比交流充电的高。

5）对蓄电池寿命的影响不同：由于直流快速充电的电压较高、电流较大，短时间内对蓄电池的冲击较大，容易使蓄电池的活性物质脱落和导致蓄电池发热，无论蓄电池多完美，长期快速充电终究会影响蓄电池的使用寿命；而交流充电以较低的速度给蓄电池充电，这不仅可以减少热量和对蓄电池压力，而且对蓄电池的长期健康也有好处；在使用交流慢速充电时，蓄电池的循环寿命通常可以达到 3000 次以上，而如果一直使用直流快速充电，蓄电池循环寿命将会缩短到千次左右，甚至更低。

6）就使用安全来说，交流充电相对于直流充电更加安全。

单元 2　低压充电系统与能量回收系统

一、DC/DC 低压充电系统

DC/DC 低压充电系统作为电动汽动力系统中很重要的一部分，它的功用一是为动力转向系统、空调以及其他辅助设备提供所需的电力；二是出现在复合电源系统中，与超级电容器串联，起到调节电源输出、稳定母线电压的作用。

DC/DC 变换器在纯电动汽车上的功能就相当于发电机和电压调节器在传统燃油汽车上的功能。DC/DC 变换器将蓄电池的电压降至 14V，给铅酸蓄电池充电以及给全车电器供 12V 直流电。

DC/DC 变换器分为 3 类：升压型 DC/DC 变换器、降压型 DC/DC 变换器和升降压型 DC/DC 变换器。根据需求可采用 3 类控制：PWM 控制型效率高并具有良好的输出电压纹波和噪声；PFM 控制型具有长时间使用（尤其小负载时）耗电少的优点；PWM/PFM 转换型小负载时实行 PFM 控制，且在重负载时自动转换到 PWM 控制。目前 DC/DC 变换器广泛应用于手机、MP3、数码相机、便携式媒体播放器等产品。其电路类型属于斩波电路。而纯电动汽车采用的就是降压型 DC/DC 变换器。

DC/DC 变换器的主要部件是变压器。变压器由一次侧（输入侧、动力电池侧）和二次侧（输出侧、铅酸蓄电池侧）两套线圈构成，DC/DC 变换器实物结构图如图 3-42 所示。

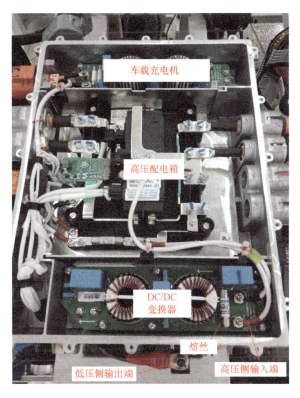

图 3-42 DC/DC 变换器实物结构图

DC/DC 变换器 3 个主要组成部分分别是主电路、驱动模块、控制模块。

1. 主电路

主电路又称为功率模块，是整个 DC/DC 变换器的主体。一个典型的全桥型 DC/DC 变换器主电路如图 3-43 所示。

图 3-43 中，V_{in} 为输入电压，需要通过 DC/DC 回路，在输出端得到一个需要的输出电

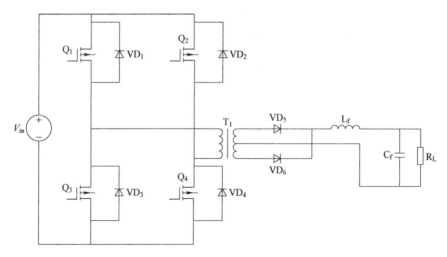

图 3-43　DC/DC 变换器主电路

压。一次侧开关电路,将输入电流调制成矩形波,这个过程主要依靠控制器调制特定占空比的 PWM 波,用以驱动 4 个开关管按照规定的顺序和时间开闭,从而实现电流逆变过程。一次侧输入电压可以通过占空比调节,占空比增加输出电压也增加,占空比减小输出电压也减小。频率则可以通过调节开关频率调节。变压器 T_1 既可以实现电气隔离,又可以起到电压调节的作用。固定一次侧线圈匝数,改变二次侧匝数,即可得到不同的电压等级。变压器的输入,是经过左侧全桥电路逆变得到的脉冲矩形波,传递到变压器的二次侧,得到另一个电压幅值的交流正弦波,经过 VD_5 和 VD_6 整流以后,再经由 C_f 和 L_f 滤波处理,得到纹波因数较小的直流电,提供给输出端。

2. 驱动模块

对于控制芯片输出的 4 路 PWM 驱动信号来说,并不能直接驱动 4 个功率开关管。所以,一般来说,开关电源需要配套一个驱动电路来驱动功率开关管。驱动电路种类很多,主要有以下 3 种:

1)直接耦合型驱动电路:控制芯片的每一路输出,PWM 驱动信号经过由两个晶体管组成的放大电路来驱动功率开关管。此种方法无法实现控制部分与主电路的隔离。

2)脉冲变压器耦合型驱动电路:此电路是在直接耦合型驱动电路的基础上加上了一个脉冲变压器,实现了控制电路与主电路的隔离。但是这种结构的缺点是涉及变压器的设计、制作等方面,比较复杂。

3)驱动芯片的驱动电路:为了更加方便地驱动功率开关管,很多公司研制出驱动芯片,驱动芯片可以输出较大的功率驱动功率开关管,而且随着芯片的小型化发展,现在的驱动芯片体积非常小,有各种封装形式。利用驱动芯片驱动功率开关管的方法比较简单,但是控制电路与主电路仍然没有实现隔离。

3. 控制模块

主电路的反馈主要有 3 种控制模式:电压控制模式、峰值电流控制模式和平均电流控制模式。

1)电压控制模式属于电压反馈,其利用输出电压进行校正,是单环反馈模式,输出电压采样与输入基准电压比较，得到的输出信号与锯齿波电压比较，输出 PWM 波信号。电压控制模式设计和运用都比较简单，但是电压控制模式没有对输出电流进行控制，有一定的误差存在，并且输出电压要先经过电感以及电容的滤波，使得动态响应比较差。

2）峰值电流控制模式与电压控制模式的区别在于，在峰值电流控制模式中，把电压控制模式的那一路锯齿波形，转换成了电感的瞬时电流与一个小锯齿波的叠加。但是电感的瞬时电流并不能表示平均电流的情况。

3）平均电流控制模式属于双环控制方式，电压环的输出信号作为基准电流与电感电流的反馈信号比较。其设置误差放大器，可以平均化输入电流的一些高频分量，输出的经过平均化处理的电流，再与芯片产生的锯齿波进行比较，输出合适的 PWM 波形。电感电流和电容电压因此需要对两个变量都要进行 PID 整定，一个典型的 DC/DC 变换器控制流程如图 3-44 所示。控制模块由两个 PID 控制器组成，由电压控制外环，由电流控制内环，给出一个参考电压，设计合理的参数，就可以很快速地达到控制系统的目的。

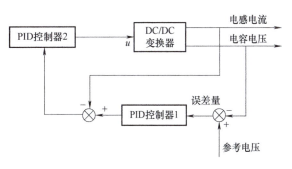

图 3-44 典型的 DC/DC 变换器控制流程

相比 3 种控制方式，平均电流的控制方式不限制占空比，对输出电容电压和电感电流均进行反馈，有比较好的控制效果。采用平均电流控制方式进行反馈电路的设计时，把电流环看作电压环的一部分。

二、能量回收系统

能量回收系统就是把电机的机械能转换成电能，给动力电池充电，提高能量利用效率，增加续航里程。能量回收系统也是纯电动汽车充电系统的一部分。

车辆在制动或滑行的过程中，驱动电机给电机控制器反向电，其电经过电机控制器逆变和转换（交流变直流）成高压电经主接触器、正极接触器和负极接触器给动力电池充电。制动能量回收技术不仅能够提高能量利用率，而且可以减少磨损和制动热量、降低噪声、缓解热衰退，从而优化汽车的制动性能、提高制动稳定性。

研究发现，在城市工况中，近 34% 的汽车驱动能量消耗在制动过程中，而在电动汽车中，这部分能量通过电气系统由驱动轮至动力电池的转化效率可高达 68%，可增加车辆续航里程约 24.4%。

制动能量回收是现代电动汽车与混合动力汽车的重要技术之一，也是它们的重要特点。在一般内燃机汽车中，当车辆减速、制动时，车辆的运动能量通过制动系统而转变为热能，并向大气中释放。而在电动汽车与混合动力车中，这种被浪费掉的运动能量已可通过制动能量回收技术转变为电能并储存于蓄电池中，并进一步转化为驱动能量。例如，当车辆起步或加速，需要增大驱动力时，电动机驱动力成为发动机的辅助动力，使电能获得有效应用。

电动汽车的能源转换装置仅由电动机/发电机、蓄电池、功率变换模块及动力传递装置等组成，由外部电源对蓄电池充电，能源传递路线主要有由蓄电池到车轮（行驶）和由车轮到蓄电池（能量回收）。车辆在制动或滑行的过程中，车辆的驱动轮相当于发电机的作用。能量回收主要有以下 3 条路线：

1）利用制动时产生的热量进行能量回收。

2）利用车辆减速时的惯性，使得车轮带动驱动电机转动，从而使驱动电机变为发电机，将电能储存至蓄电池组内。

3）车辆的所有车轮都能够利用车辆行走的惯性以及下坡的重力势能通过惯性发电机进行发电。该惯性发电机包括了电动汽车的轮毂发电机和轮轴发电机：轮毂发电机即为车轮内装发电机，它的最大特点就是通过车轮的转动带动发电机的转子转动，从而达到发电的目的。轮毂发电机的优点是在传统电动汽车现有的续航里程不变的情况下增加了一个电力补充来源，车辆可以在不影响蓄电池使用寿命的情况下一边行驶一边充电从而达到延长续航里程的目的。轮轴发电机是通过轮毂转动带动传动轴连接的轮轴发电机的转子转动，从而达到发电的目的。轮轴发电机的优点和轮毂发电机一样。轮毂发电机和轮轴发电机同时配置在同一辆电动汽车上时，一辆电动汽车就有由多个发电机组成的电源补充供应系统。一般情况下，一辆四轮电动汽车属于集中式驱动电机组成的驱动系统时，可以配备 2~4 个轮毂发电机，同时还可以配备 2 个轮轴发电机；属于轮毂式两轮驱动电机组成的驱动系统时，可以配备 4 个轮轴发电机，同时还可以配备 2 个轮毂发电机；属于轮毂式四轮驱动电机组成的驱动系统时，可以配备 4 个轮轴发电机。惯性发电机是在进一步提高能量利用率的基础上，充分提高了车辆整体的能量回收效率。

同时利用以上 3 条路线最大限度地回收能量，能使汽车的能量回收效率达到最大。

为了使电动汽车具有良好的机械性能、电驱动性能及合理的能量分配等，电动汽车的能源管理系统必须对能量系统的工作进行有效监测和控制，使电动汽车的能量进行最佳流动，以实现最大限度地利用能量循环转换来提高汽车的经济性能。

三、车载充电设备

车载充电机（On-Board Charger，OBC）的作用是将交流充电口传递过来的（220V/50Hz）交流电转换为直流高压电为动力电池充电。比亚迪 e5 车载充电机如图 3-45 所示。

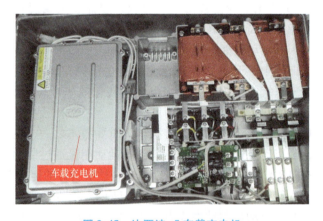

图 3-45　比亚迪 e5 车载充电机

3.3kW 功率以内的单相交流充电均是通过 OBC 进行的，而功率大于 3.3kW 的交流充电（含单相和三相交流）是通过 VTOG 进行的。小功率充电时，OBC 的效率要高于 VTOG。

1. 原理

车载充电机又称交流充电机，安装于电动汽车上，通过插座和电缆与交流插座连接，以三相或单相交流电源向电动汽车提供充电电源。车载充电机的优点是不管车载蓄电池在任何时候、任何地方需要充电，只要有车载充电机额定电压的交流插座，就可以对电动汽车进行充电；缺点是受电动汽车的空间所限，功率较小、输出充电电流小、蓄电池充电的时间较长。

车载充电机主要为小型电动汽车补充电能，充电功率较小，可利用建在路边、小区等的交流充电桩为电动汽车充电，并充分利用低谷时段充电。

2. 功能

1）具有为电动汽车动力电池安全、自动充满电的能力。车载充电机依据蓄电池管理系统（BMS）提供的数据，能动态调节充电电流或电压参数，执行相应的动作，完成充电过程。

2）具备高速 CAN 网络与 BMS 通信的功能，能判断蓄电池连接状态是否正确，获得蓄电池系统参数及充电前和充电过程中整组和单体蓄电池的实时数据。

3）可通过高速 CAN 网络与车辆监控系统通信，上传车载充电机的工作状态、工作参数和故障警告信息，接收启动充电或停止充电控制命令。

4）完备的安全防护措施。

① 交流输入过电压保护功能。

② 交流输入欠电压警告功能。

③ 交流输入过电流保护功能。

④ 直流输出过电流保护功能。

⑤ 直流输出短路保护功能。

⑥ 输出软起动功能，防止电流冲击。

⑦ 在充电过程中，车载充电机能保证动力电池的温度、充电电压和电流不超过允许值。

⑧ 具有单体蓄电池电压限制功能，能自动根据 BMS 的蓄电池信息动态调整充电电流。

⑨ 能自动判断充电插接器、充电电缆是否正确连接。当充电机与充电桩和蓄电池正确连接后，车载充电机才能允许启动充电过程；当车载充电机检测到与充电桩或蓄电池连接不正常时，立即停止充电。

⑩ 充电联锁功能，保证车载充电机与电动汽车动力电池连接分开以前车辆不能起动。

⑪ 高压互锁功能，当有危害人身安全的高电压时，模块锁定无输出。

⑫ 具有阻燃功能。

3. 使用注意事项

（1）车载充电机　充电线连接确认信号正常；车载充电机供电电源正常（含 220V 和 12V）及工作正常；充电唤醒信号输出正常（12V）；车载充电机、VCU、BMS 之间通信正常（主继电器闭合、发送电流强度需求）。

（2）环境条件

1）工作温度：-30～70℃（50℃以上限制输出功率为额定功率的 50%）。

2）相对湿度：5%～95%。

3）海拔：不高于2000m。

（3）动力电池　动力电池单体蓄电池温度0~45℃；SOC电压差小于0.3V；单体蓄电池最高温度与最低温度差小于15℃；实际单体蓄电池最高电压不大于额定单体蓄电池电压0.4V。

（4）交流输入

1）交流工作电压：220（1±20%）V（单相三线）。

2）交流工作频率：（50±1）Hz。

3）满载功率因数：不低于0.99。

4）谐波电流总畸变率：不大于5%。

（5）直流输出

1）稳流精度：不超过±0.5%。

2）稳压精度：不超过±0.5%。

3）纹波因数：不大于0.5%。

4）满载效率：不低于94%。

5）电压范围：140~350V。

6）电流范围：1~8A。

7）最大功率：2.5kW（输出可恒功率控制）。

（6）结构防护

1）全封闭结构，外壳防护等级为IP54。

2）车载充电机金属外壳和零件采用双层防锈处理，非金属外壳具有防氧化保护膜或进行防氧化处理。

3）车载充电机内部印制电路板、接插件进行防潮湿、防霉变、防烟雾处理。

4）车载充电机还具有以下保护功能：

① 输出过电流保护：输出电流不会因负载变化而改变，始终限制在设定的最大输出电流。

② 输出短路保护：当输出端短路时机器自动保护。

③ 输出反接保护：蓄电池接反时，机器自动保护。

④ 过温度保护：当车载充电机内温度在90~95℃时降功率，超过95℃时停止充电，温度低于85℃时自动恢复，正常充电。

⑤定时功能：CPU精确分段控制充电的电流、电压和时间参数，充电结束后自动关机，更好地保护蓄电池。

四、外部充电设备

1. 纯电动汽车外部充电设备原理

（1）交流充电桩　交流充电桩一般系统简单，占地面积小，安装方便，可安装在电动汽车充电站、公共停车场、住宅小区停车场、大型商场停车场等室内或室外场所，操作使用简便，是重要的电动汽车充电设施。

（2）充电站　充电站通常配备多台直流充电桩和交流充电桩。根据使用场地的不同，充电站又可以分为平面充电站和立体充电站。平面充电站一般建于土地资源相对宽裕的地点；立体充电站通常建在人口密集的居民区、商业区或立体停车库，占地面积小，空间利用率高。

（3）换电站　换电站一般建在土地资源比较宽裕的地点，占地面积大，需要专用的库房来存放蓄电池组，同时配备必要的蓄电池更换设施。换电站通常还配备直流充电桩或交流充电桩，以便对更换下来的蓄电池组集中充电。

充电桩的功能类似于加油站里面的加油机，可以固定在地面或墙壁，安装于公共建筑（公共楼宇、商场、公共停车场等）和居民小区停车场或充电站内，可以根据不同的电压等级为各种型号的电动汽车充电。充电桩的输入端与交流电网直接连接，输出端都装有充电插头，用于为电动汽车充电。充电桩一般提供常规充电和快速充电两种充电方式，人们可以使用特定的充电卡在充电桩提供的人机交互操作界面上刷卡使用，进行相应的充电方式、充电时间、费用数据打印等操作，充电桩显示屏能显示充电量、费用、充电时间等数据。电动汽车外部充电设施（充电桩）原理如图 3-46 所示。

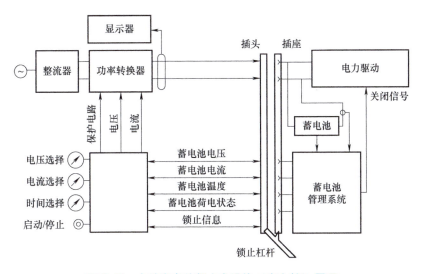

图 3-46　电动汽车外部充电设施（充电桩）原理

地面充电站中的充电器由一个能将输入的交流电转换为直流电的整流器和一个能调节直流电功率的功率转换器组成，把带电线的插头插入电动汽车上配套的插座中，直流电能就输入蓄电池对其充电。充电器设置了一个锁止杠杆以利于插入和取出插头，同时杠杆还能提供一个确定已经锁紧的信号以确保安全。根据充电器和车上蓄电池管理系统相互之间的通信，功率转换器能在线调节直流充电功率，而且充电器能显示充电电压、充电电流、充电量和充电费用。这只是充电桩的基本原理，许多细节问题都应在实际应用中不断改进，以得到最便捷的使用方案。

2. 纯电动汽车外部充电设备使用注意事项

充电开始时一般都会有语音提示，绿色灯表示充电桩处于无故障待机状态，黄色灯表示充电桩处于充电状态，红色灯表示故障状态或者网络断开状态。充电时先检查是否有电流、电压等数据，这些数据显示在显示屏上，表示已经在充电。

在充电过程中，不要起动汽车。蓄电池一边充电一边放电对蓄电池的损害很大，应该避免。充电过程中，不要采取任何异常方式停止充电，例如，在完全没有任何信号的情况下做出拔枪动作，充电电流极短时间将为0，对蓄电池有损害。

五、充电注意事项

1）应选择在相对较安全的环境下充电（避免有液体、有火源的环境等）。

2）不要修改或者拆卸充电端口和充电设备，这样可能导致充电故障，引起火灾。

3）充电前应确保车辆充电口和充电插接器端口内没有水或外来物，确保金属端子没有生锈或者腐蚀，这些情况下不允许充电。因为不正常的端子连接可能导致短路或电击，威胁人员生命安全。

4）如果在充电时发现车里散发出不同寻常的气味或者烟，应立即停止充电。

5）为了避免造成严重的人身伤害，车辆正在充电时，要有预防意识；不要接触充电端口或者充电插接器内的金属端子；当有闪电时，不要给车辆充电或触摸车辆，闪电击中可能导致充电设备损坏，造成人身伤害。

6）充电结束后，不要用湿手或站在水里时去断开充电插接器，因为这样可能引起电击，造成人身伤害。

7）车辆行驶前应确保充电插接器从充电口断开。

8）如果想在车内使用任何医学设备，在使用之前应和制造商确认充电是否影响设备的正常工作。充电时可能导致设备的不正常操作，造成人身伤害。

9）当仪表板SOC指示条进入红色警戒格时，表明动力电池电量已不足，建议此时立即去充电，确保电动汽车不会因电量不足而无动力搁浅，不建议在电量耗尽后再进行充电，因为那样会影响蓄电池的使用寿命。

10）家用交流充电（装备有时）是使用车辆配备的交流充电连接装置进行充电。推荐使用220V AC 50Hz 10A的专用交流电路和电源插座。专用电路是为了避免电路破坏或者由于给蓄电池充电时的大功率导致电路跳闸保护，如果没有使用专用电路，可能影响电路上其他设备的正常工作。如果一个专用电路已经不能使用，应由专业电工来重新安装。

11）为了避免对充电设备造成破坏，不要在充电口盖打开的状态下关闭充电口舱门；不要用力拉或者扭转充电电缆；不要使充电设备承受撞击；不要在温度高于50℃的环境下存放或者使用充电设备；不要把充电设备放在靠近加热器或其他热源的地方。

12）当外部电网断电不超过24h，充电会自动重新启动，不用重新连接充电插接器。

13）充电时，建议将车辆停放在通风处。

14）充电时电源档位需处于"OFF"档，电源处于"OK"档时不能充电。

15）禁止电源处于"OK"档时充电。

16）充电时，前舱的高压电控模块处于工作状态，此时会发出几次继电器吸合的"咔哒"声，这属于正常现象。

17）充电时应离开充电车辆并严格按照充电站的要求进行充电。因高压危险，应站于安全线以外。

18）当动力电池电量充满后，系统会自动停止充电。

19）停止充电时应先将充电柜或充电桩关闭，再断开充电插接器；家用交流充电时应先断开交流充电插接器，再断开插座端电源。

20）起动车辆前请确保充电插接器已经断开，充电口盖和充电口舱门已经关闭，因为充电插接器锁止机构没有完全锁止状态下，车辆可能也可以上"OK"档，并能够挂档行驶，导致充电设备及车辆损坏。充电口盖未关闭，水或外来物质可能进入充电口端子，影响正常使用。

21）当环境温度低于0℃时，充电时间要比正常时间要长，充电能力较低。如果车辆长时间不使用，为了延长动力电池的使用寿命，建议每3个月充电一次。

22）为方便使用，仪表板上会提示预计充满电时间。不同温度、电量、充电设施等情况下，充满电时间可能有一定偏差，这属于正常现象。

23）若果充电口舱门因天气等原因冻住，应使用热水或不高于100℃的加热装置将冰融化后再开启充电口舱门，切勿强行打开。

单元3　7kW 交流充电桩

一、7kW 交流充电桩的结构

7kW 交流充电桩主要由桩体、LED 指示灯板、LCD 显示屏、读卡器、辅助电源、主控模块、继电器模块、接线排、单相断路器（空气开关）、浪涌防护器（防雷器）、智能电表、交流接触器、门禁开关、急停开关、充电枪、线束等组成。充电桩门正面和充电桩门背面结构分别如图 3-47 和图 3-48 所示。

图 3-47　充电桩门正面

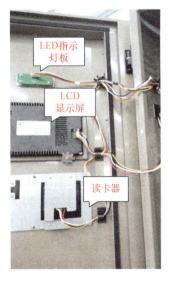

图 3-48　充电桩门背面结构

1. LED 指示灯板

LED 指示灯板的作用主要是显示充电桩工作状况，它一共由 5 个 LED 指示灯组成，分别是"电源""连接""充电""故障""通信"指示灯,当打开充电桩电源后,5 个 LED 指示灯同时闪烁 1~2s,此时为充电桩自检,当自检没问题后,点亮"电源"指示灯。当插上充电枪时,"连接"指示灯点亮;刷卡成功时,"通信"指示灯点亮一下就灭掉;充电成功时,"充电"指示灯点亮。当充电桩有故障时(打开桩门、按下急停开关),"故障"指示灯点亮。指示灯定义如图 3-49 所示。

2. LCD 显示屏

LCD 显示屏的作用主要是把充电桩的相关信息显示出来,将充电过程的实时状态信息发送并呈现到显示屏上。其本身可以触摸操作,可让用户选择不同的模式充电,即"时间模式""电量模式""金额模式""自动充满模式"。它还可以供充电桩维护人员进行信息查询、参数设定、记录清除等。其线束插头主要由两条工作电源线(电源 +12V 和电源负)以及两条通信线(串口 RS232)组成。LCD 显示屏与其线束插头端子如图 3-50 所示。

图 3-49 指示灯定义

 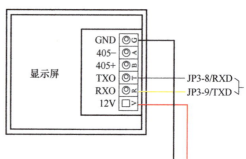

图 3-50 LCD 显示屏与其线束插头端子

3. 读卡器

读卡器的作用主要是用来启动充电和充电结算。将有效的充电卡靠近刷卡区,听到"滴"的一声后表示刷卡成功,系统启动充电,页面跳转到充电中的信息显示界面,实时显示充电中的信息。其线束插头主要由两条工作电源线(电源 +5V 和电源负)以及两条通信线(串口 RS232)组成。刷卡单元使用 RFID 与用户卡进行交互,频率是 13.56MHz。刷卡信息由读卡器读取,然后通过 RS232 串行界面与主控板通信。读卡器启动方式与端子定义如图 3-51 所示。充电桩内部结构如图 3-52 所示。

4. 辅助电源

辅助电源的作用是把 220V 交流电转变成 12V 直流电,给显示屏和主控模块提供 12V 的工作电源。

 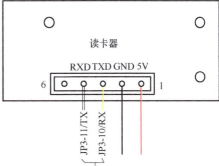

图 3-51 读卡器启动方式与端子定义

5. 主控模块

主控模块是整个充电桩的核心部分，在整个充电桩里起到的作用非常大，主控板与触摸屏 LED 通信，接收来自用户的操作指令和参数配置指令，并将充电过程的实时状态信息发送并呈现到显示屏上；主控板经过充电枪界面与汽车车载充电机进行通信，获得汽车充电的参数配置后开始充电；主控板与读卡器通信，用户刷卡后，充电桩以无线方式读取用户账号信息；主控板读取账户信息后通过以太网与后台监控器/服务器通信，将用户账号、账单以及充电桩状态上传至后台，并接收后台下发的充电控制信息；主控模块还给读卡器提供 5V 工作电源以及给继电器模块提供 12V 工作电源，控制继电器模块工作；主控模块接收急停开关信息、门禁开关信息、充电枪温度信息、智能电表信息、充电枪 CP 信号等来操纵整个充电流程。

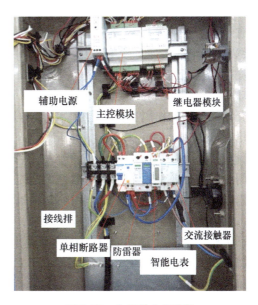

图 3-52 充电桩内部结构

6. 继电器模块

继电器模块主要为交流接触器提供 220V 交流工作电源，让交流接触器闭合。

7. 接线排

接线排的作用主要是作为 220V 输入电源的接口，从而把输入的 220V 交流电分配给单相断路器。

8. 单相断路器（空气开关）

单相断路器又称空气开关，是一种只要电路中电流超过额定电流就会自动断开的开关。空气开关是低压配电网络和电力拖动系统中非常重要的一种电器，它集控制和多种保护功能于一身，除能接触和分断电路外，还能对电路或电气设备发生的短路、严重过载及欠电压等进行保护。它主要把接线排输过来的 220V 电压通过闭合后分配给浪涌防护器（防雷器）和智能电表，单相断路器的下游与浪涌防护器（防雷器）并联，与智能电表串联。

9. 浪涌防护器（防雷器）

浪涌保护器又称防雷器，通常并联在电路系统中，当雷电发生时，雷电进入建筑物的各类金属管、线，产生高强度电磁感应，因而产生大量脉冲能量，浪涌保护器的作用是将过电流导入大地，降低设备各端口的电位差。它适合于 220/380V 供配电系统的瞬态过电压保护，能有效地抑制由雷电引起的感应过电压及系统操作过电压，保护设备安全，保障系统的正常运行。

10. 智能电表

智能电表是智能电网的智能终端，它已经不是传统意义上的电能表了，智能电表除了具备传统电能表基本用电量的计量功能以外，为了适应智能电网和新能源的使用，它还具有双向多种费率计量功能、用户端控制功能、多种数据传输模式的自双向数据通信功能、防窃电功能等智能化的功能，智能电表代表着未来节能型智能电网最终用户智能化终端的发展方向。它通常都是串联在电路中，单相断路器、智能电表、交流接触器三者串联在电路里（主要以交流电路中的 L 线串联），通过 RS485 通信线与主控模块进行通信，主控模块计算其电流、电能。

11. 交流接触器

交流接触器的作用主要是把智能电表输过来的 220V 电压通过继电器模块控制闭合后对充电枪输出 220V 的交流电。

12. 门禁开关

门禁开关主要是用来检测充电桩的门是否关紧，确保桩门紧闭，起到安全保护的作用。如果桩门打开或未关紧，主控模块则会让整个充电桩报故障，控制继电器模块不工作，交流接触器断开，对外不输出 220V 的电压。门禁开关如图 3-53 所示。

13. 急停开关

急停开关也可以称为"紧急停止按钮"，简称急停按钮。当发生紧急情况的时候，人们可以通过快速按下此按钮来达到保护充电桩的目的。

图 3-53　门禁开关

二、7kW 交流充电桩的工作原理

7kW 交流充电桩整个工作过程：插上充电枪后，用户通过显示屏选择充电模式以及充电启动模式，主控模块接收显示屏操作信息和刷卡信息（支付信息）后，控制继电器模块工作，继电器模块输出 220V 交流电控制交流接触器闭合，此时 220V 电压经过接线排到单相断路器，再到智能电表，最后经过闭合后的接触器对外输出 220V 电压给充电枪进行充电。7kW 交流充电桩控制电路如图 3-54 所示。

主电路的工作流程如下：

1）单相电通过接线排接入，空气开关通电，12V 开关电源给主控板通电工作，单相交流电经过交流电表以及交流接触器，充电枪与汽车的车载充电机连接成功后开始获取充电参数，充电枪上电完成。

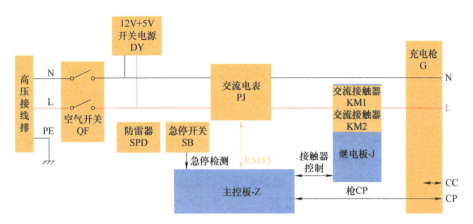

图 3-54　7kW 交流充电桩控制电路

2）主控板通过充电枪与汽车的车载充电机获得充电参数以及充电开始后，交流电表显示充电电压与电流，实时获取充电数据并通过 RS485 发送至主控板，显示屏通过 RS485 从主控板获得充电数据后显示在屏幕。

3）刷卡结算结束充电，主控板控制交流接触器断开，完成充电。

三、7kW 交流充电桩的常见故障

1）显示屏不报故障，故障指示灯不亮；按显示屏无反应，无法充电。

故障原因：

① 主控板 CP-GND/（CP-PE）-（JP1-4）断开。

② 主控板 CP 线（JP1-3）断开。

2）显示屏报故障，故障灯点亮；按显示屏无反应，无法充电。

故障原因：

① 显示屏的信号线 JP3-9/JP3-8 断开。

② 主控板 PE-DET 线（JP1-5）断开。

③ 主控板 PE（JP1-6）断开。

④ 继电器模块 CN1 插头断开。

⑤ 智能电表信号（DB-12/DB-11 断开和接反）异常。

⑥ 急停开关常开端接常闭端（正常状态按下急停开关）。

⑦ 柜门没关紧。

⑧ 门禁开关故障，常闭端接常开端。

3）显示屏不报故障，故障指示灯点亮；触屏无反应，无法充电。

故障原因：显示屏的 JP3-9 与 JP3-8 接反。

4）显示屏可以正常触屏，故障指示灯不亮；刷卡无反应，无法充电。

故障原因：

① 读卡器的插头故障/断开。

② 读卡器的电源线断路或内部模块损坏。

③ 读卡器的地线断路。

④ 读卡器信号线 JP2-11/JP2-10 断路。

⑤ 读卡器信号线 JP2-11/JP2-10 接反。

5）显示屏可以正常触屏，故障指示灯不亮，刷卡也正常，但充电的电流为 0，无法充电。

故障原因：

① 主控板 JP1-14 线（POWER-ON1）断开。

② 继电器模块电源线 CN3-6 断开。

③ 继电器模块 CN1 插头的 KM1 线（CN1-3）断开。

6）LED 指示灯不亮，显示屏亮，触屏无反应，无法充电。

故障原因：主控板电源线 JP2-3 断开。

单元 4　60kW 直流充电桩

一、60kW 直流充电桩的结构

直流充电桩一般固定安装在社区停车场、大型商场、服务区、路边停车场等场所，接入电网，经内部控制整流，为电动汽车动力电池直接提供可控的直流电。直流充电桩可实现快速充电，常见的功率有 30kW、60kW、90kW、120kW。60kW 直流充电桩如图 3-55 所示。

60kW 直流充电桩一般主要由 LED 指示灯板、LCD 显示屏，读卡器、整流器（两个 30kW）、无线网络模块、开关电源、主控板、防反板、电子锁、熔断器、电流表、（A＋）空气开关、漏电断路器、防雷器、单相空气开关、分流器、冷却风扇等组成。60kW 直流充电桩内部结构如图 3-56 所示（分流器和冷却风扇未在图中指出）。

1. LED 指示灯板

LED 指示灯板的作用是提示工作人员检测当前充电桩的状态，当充电桩检测到过电压、欠电压、过温、过载、短路、低温、雷击、急停、漏电时，都会使红色故障灯点亮。当充电桩与车辆成功连接，开启充电时，绿色指示灯会点亮。LED 指示灯板线束 R 为红色故障指示灯控制线，G 为绿色运行指示灯控制线，Y 为黄色电源指示灯控制线，V 为指示灯板 12V 公共电源。

2. LCD 显示屏

LCD 显示屏的作用是人机交互，操作界面能进行相应的充电方式、充电时间、费用数据采集等选择。充电桩 LCD 显示屏能显示充电量、费用、充电所用的时间等数据。其中 CNA1 插头 2 号脚为 485B，CNA1 插头 3 号脚为 485A，显示屏 V 为电源 12V＋，显示屏 G 为电源 12V－。

3. 读卡器

读卡器的作用是识别用户信息，充电桩读卡器可以计费、计时、自助刷卡、通过使用者身份鉴别进行余额查询、计费查询等。PW 为 ＋5V 电源，GND 为接地，TXD 为发送数据端，RXD 为接收数据端。

模块三　纯电动汽车充电系统

图 3-55　60kW 直流充电桩

图 3-56　60kW 直流充电桩内部结构

4. 整流器

60kW 整流器主要由 2 个 30kW 的整流器组成，其作用主要是把交流 380V 电压转变成直流高压电。直流充电桩整流器外观如图 3-57 所示。

5. 无线网络模块

1）远程监控管理：通过远程接入网络监控系统可以实时或者定时监控充电桩的电量、电流、电压、功率、开关等运行参数，远程控制充电开关并修改充电桩的参数。

图 3-57　直流充电桩整流器外观

2）故障管理：可以实时监控充电桩的运行状态以及故障情况，一旦出现故障警告，可以远程进行处理或者派人到现场进行维修。

6. 开关电源（图 3-58）

开关电源的作用主要是将 220V 交流电转换成 12V 或 24V 的直流电，为充电桩内部模块（如显示屏、主控模块、无线网络模块等）提供电源。

7. 主控板（图 3-59）

主控板的作用：

1）完成与 BMS 的充电交互。

2）收集动力电池的运行数据，异常状态下自动停机。

3）主控板作为直流电动汽车充电桩控制主板，带有充电枪电锁控制及温度检测，检测及控制充电枪独立工作。

4）完成人机交互过程。

5）完成刷卡计费过程。

6）记录每次充电数据，最多可记录 1000 条充电数据。

图 3-58　开关电源

图 3-59　主控板

8. 防反板（图 3-60）

防反板的结构与二极管结构基本相同，但增加了一个散热功能，起到保护电路的作用，防止接线错误导致电路烧毁，在充电桩实际电路中，其作用是将 12V 与 24V 的电压分开切换。

9. 电子锁（图 3-61）

电子锁的作用是对充电时的充电枪锁定，防止其脱落、松动。长期充电后的充电枪连接汽车会有松动间隙，需用手托住，用电子锁后，充电枪无须手托，能不限使用次数，同时电子锁也是计费触点，当电子锁解锁时，停止计费，电源断开，同时车载系统精确感应电子锁断开并判定充电完成，可防触电。电子锁可实现刷卡用户刷卡后无人值守自动化充电，无须专业人员操作。系统发出充电命令，电子锁处于上锁状态时，会将插头牢牢锁在插座上防止其脱落，确保可靠连接，并反馈给系统是否连接可靠；当充电完成后，系统发出解锁信号，电子锁转为解锁状态，并将状态反馈给系统。

图 3-60　防反板

图 3-61　电子锁

10. 电流表

充电桩直流电流表是用于测量电动汽车充电桩的仪表，仪表具有 RS485 通信接口，采用 Modbus-RTU 协议，可带模拟量输出、继电器警告输出、开关量输入/输出。根据不同要求，通过仪表板按键，可对警告、通信、开关量输出进行设置与控制。

11.（A+）空气开关

（A+）空气开关的作用主要是控制直流充电口 A+电源的接通与断开，接通后给直流充电口 A+提供工作电源。

12. 漏电断路器（图 3-62）

漏电断路器在发生漏电的情况下或者有其他特殊原因时，会自动切断电源，保护电路。漏电断路器又称漏电保护断路器，是配电系统中必须装置的一种低压电器，根据不同的性能参数和应用场合，其总体上分为万能式断路器、塑壳断路器和终端断路器三种。由于充电桩工作环境苛刻，相应的漏电断路器的工艺要求和性能参数比当前市面上一般的漏电断路器要高，例如，相应的断路器要求能检测平滑直流漏电信号并执行跳闸动作。传统的漏电断路器以零序电流互感器为载体，基于交变电

图 3-62　漏电断路器

流磁场的变化，漏电流所产生的磁场变化在互感器次级线圈上感应出电压，通过漏电检测芯片（如常用的 54123 漏电检测芯片）的运放同相和反相输入端，该漏电流信号达到预设动作阈值时，漏电检测芯片发出警告指令或切断配电电路，保护人身安全和保障设备正常运行。对于直流电源系统或者漏电流信号是平滑的直流电时，传统的典型电路并不适用，此时若想检测出漏电流进行保护动作，就需要不同于传统漏电保护原理的直流漏电断路器。随着新能源汽车行业的兴起和充电桩配套技术的发展，能检测直流漏电信号的断路器开发越来越被相关企业所重视。

13. 防雷器（图 3-63）

防雷器也称浪涌保护器，是一种为各种电子设备、仪器仪表、通信电路提供安全防护的电子装置。当电气回路或者通信电路中因为外界的干扰突然产生尖峰电流或者电压时，浪涌保护器能在极短的时间内导通分流，从而避免浪涌对电路中其他设备的损害。

浪涌保护器适用于交流 50/60Hz，额定电压为 220V 或 380V 的供电系统，它能对被间接雷电和直接雷电影响的（或其他瞬时过电压导致的）电涌进行保护，满足家庭住

图 3-63　防雷器

宅、第三产业以及工业领域电涌保护的要求，它在新能源汽车充电桩中可避免雷电对车辆产生损坏。

14. 单相空气开关

单相空气开关的主要作用是接通和断开供给开关电源模块以及直流电能表的电源（220V），它是一种只要电路中电流超过额定电流就会自动断开的开关。单相空气开关是低压配电网络和电力拖动系统中非常重要的一种电器，它集控制和多种保护功能于一身，除能

完成接触和分断电路外,它还能对电路或电气设备发生的短路、严重过载及欠电压等进行保护,对直流充电桩里的开关电源模块和直流电能表起到保护的作用。

15. 分流器

分流器就是把大电流设备的电流降低成可进行检测的电流,最后配合电能表使用。由于直流充电桩电路中的电流很大,导线也很粗,把电能表接到设备面板上很困难,也不经济、不安全,所以在电路中接一个分流器,实际上就是把一个电阻很小,但阻值很准的小电阻串联在电流回路中。大电流在小电阻上的电压降,用一个电压表来测量,以电流表的刻度表示实际电流,表头的刻度一定要与分流器的电阻相配。

16. 冷却风扇

充电桩在充电过程中会产生大量的热量,如果没有及时消散,将导致严重的安全事故。因此,增加合理有效的冷却风扇是解决充电桩系统散热问题的关键。为了快速散出充电桩柜中的热量,充电桩柜中的风扇风量、风压需要足够大,冷却风扇的性能必须非常稳定。冷却风扇故障导致充电桩柜的热量快速上升是非常危险的。

二、60kW 直流充电桩的工作原理

60kW 直流充电桩工作原理:当车辆插上直流充电枪时,充电桩的主控板识别车辆 A + 和 A – 的电源信息,此时 BMS 进入工作状态,对 CC2 输出检测电压;同时车端的 CC2 检测到枪口端的电阻 R3,电压降低,识别连接信号告知 BMS,从而 BMS 控制车辆直流充电接触器闭合,而另一端充电枪口的 CC1 检测到车辆端电阻 R4,降低电压并告知充电桩主控板,主控板再接收其他相关信息后(充电桩无故障、刷卡启动信息、S + 和 S – 通信信息告知车辆动力电池额定总电压)控制充电桩里的高压接触器闭合,输出合适的高压直流电给蓄电池包充电。直流充电枪与车辆对接图如图 3-64 所示。

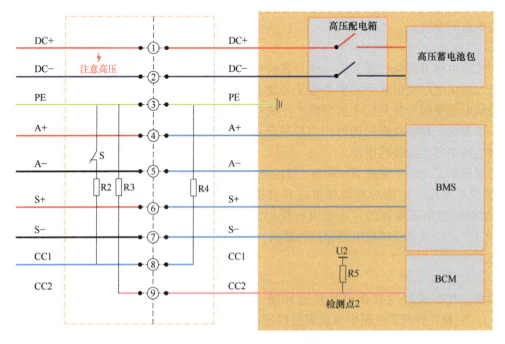

图 3-64　直流充电枪与车辆对接图

直流充电控制时序表见表 3-5。

表 3-5 直流充电控制时序表

时 序	控 制 状 态
T0	车辆接口未连接，按下车辆插头开关 S，使开关 S 打开
T1	车辆接口未完全连接，保持开关 S 为打开状态，将车辆插头插入车辆插座中
T2	车辆接口连接，车辆插头与车辆插座插合后，松开车辆插头开关 S，使开关 S 常闭，此时车辆接口完全连接
T2′	电子锁反馈可靠锁止信号
T0→T2	车辆插头与车辆插座插合过程，充电机检测点 1 电压的变化为 6V→12V→6V→4V，车辆检测点 2 电压的变化为 12V→6V
T3	充电机闭合 K3 和 K4，使低压辅助供电回路导通
T4	充电机启动握手报文
T4→T5	初始数据交互，充电机获取最高允许充电总电压。在得到非车载充电机提供的低压辅助电源供电后，车辆控制装置通过测量检测点 2 的电压值判断车辆接口是否已完全连接。如检测点 2 电压值为 6V，则车辆控制装置等待充电机发送握手报文，接收充电机发送的握手报文后周期发送握手报文
T6	充电机闭合绝缘检测电路开关，启动绝缘监测
T7	充电机闭合 K1 和 K2，输出电压为绝缘监测电压，绝缘监测电压取最高允许充电总电压及充电机额定电压二者较小值
T8	检测绝缘结束，断开绝缘检测电路开关
T9	泄放电路开关闭合，启动泄放
T10	残余电压泄放完毕，泄放电路开关断开，直流输出接触器断开
T6→T10	充电机接收车辆最高允许总电压之后，由充电机负责充电机内部（含充电电缆）的绝缘检查 取充电直流回路 DC +、PE 之间的绝缘电阻，与 DC -、PE 之间的绝缘电阻两者的较小值，当 R＞500Ω/V 时，视为安全；当 100Ω/V＜R＜500Ω/V 时，宜进行绝缘异常报警，但仍可正常充电；当 R＜100Ω/V 时，视为绝缘故障，应停止充电
T11	充电机开始周期发送通信辨识报文，车辆控制装置等待充电机发送通信辨识报文，接收充电机发送的辨识报文后周期发送辨识报文
T12	车辆充电准备就绪，车辆控制装置闭合接触器 K5 和 K6，使充电回路导通。电动汽车负责整个系统的绝缘检查
T13	充电机控制装置检测到车辆端蓄电池电压正常（确认蓄电池电压大于充电机最低输出电压且小于充电机最高输出电压），充电机输出预充电压后闭合 K1 和 K2，使直流供电回路导通 进入充电阶段，充电机输出电压达到蓄电池电压后根据车辆实时发送的蓄电池充电需求，调整充电电压和充电电流，相互交换充电状态
T12→T13	充电机输出电压为预充电压，预充电压为当前蓄电池电压减去 1~10V
T14	达到充电结束条件，车辆控制装置开始周期发送"蓄电池管理系统中止充电报文"，充电机周期发送"充电机中止充电报文"，并控制充电机停止充电 充电机停止输出，输出电流达到 5A 以下

(续)

时　序	控　制　状　态
T15	车辆控制装置打开 K5 和 K6；充电机打开接触器 K1、K2 电动汽车停止绝缘监测
T16	充电机闭合电路开关，对输出电压进行泄放，避免对操作人员造成电击伤害
T17	充电机输出电压降至 60V 以下，断开泄放电路开关；充电机打开 K3 和 K4；双方停止通信交互
T18	电子锁反馈解锁信号
T19	按下车辆插头开关 S，使开关 S 打开
T20	保持开关 S 为打开状态，将车辆插头从车辆插座中拔出
T21	当车辆插头与车辆插座完全分离时，松开开关 S
T19→T21	车辆插头与车辆插座断开过程中，充电机检测点 1 电压的变化为 4V→6V→12V→6V，车辆检测点 2 电压的变化为 6V→12V

直流充电桩非正常条件下充电终止的情况有以下几种：

1）在充电过程中，如果非车载充电机出现不能继续充电的故障，则向车辆周期发送"充电机中止充电报文"，并控制充电机停止充电，应在 100ms 内断开充电桩高压接触器和车内直流充电接触器。

2）在充电过程中，如果车辆出现不能继续充电的故障，则向非车载充电机发送"车辆中止充电报文"，并在 300ms（由车辆根据故障严重程度决定）内断开 A + 空气开关。

3）在充电过程中，非车载充电机控制装置如发生通信超时，则非车载充电机停止充电，应在 10s 内断开充电桩高压接触器和 A + 空气开关；非车载充电机控制装置发生 3 次通信超时即确认通信中断，此时非车载充电机停止充电；应在 10s 内断开充电桩高压接触器、车内直流充电接触器、A + 空气开关。

4）在充电过程中，非车载充电机控制装置对检测点 1 的电压进行检测，如果判断开关 S 由闭合变为断开，应在 50ms 内将输出电流降至 5A 或以下。

5）在充电过程中，非车载充电机控制装置对检测点 1 的电压进行检测，如果判断车辆接口由完全连接变为断开，则控制非车载充电机停止充电，应在 100ms 内断开充电桩高压接触器和车内直流充电接触器。

6）在充电过程中，非车载充电机输出电压若大于车辆最高允许充电总电压，则非车载充电机应在 1s 内停止充电，并断开充电桩高压接触器和车内直流充电接触器。

注意：如果非车载充电机因严重故障结束充电，重新启动充电时需要操作人员进行完整的充电启动设置。

单元 5　充电系统常见故障

充电系统常见故障见表 3-6。

表 3-6 充电系统常见故障

序号	故障名称	故障现象	故障原因
1	车辆无法充电	车辆在使用充电桩充电时,充电桩指示灯亮,充电机电源工作灯亮,车辆无法充电	动力电池控制器故障、动力电池故障、通信故障
2	充电时充电桩跳闸	车辆在使用充电桩充电时,出现充电桩跳闸,充电机无法充电	充电机内部短路
3	充电机指示灯不亮	车辆在使用充电桩充电时,充电机指示灯不亮,车辆无法充电	充电机内部故障、充电唤醒信号中断或互锁电路故障
4	充电桩显示车辆未连接	车辆在使用充电桩充电时,充电桩显示车辆未连接,无法充电	枪口端的 CC 与 PE 的电阻故障、车端 CC 电路故障
5	动力电池继电器未闭合	车辆在使用充电桩充电时,充电桩显示车辆已连接,无法充电	充电唤醒信号中断或互锁电路故障
6	充电电流为 0	充电桩显示屏可以正常触屏,故障指示灯不亮,刷卡也正常,但显示充电的电流为 0,车辆无法充电	充电桩主控板故障、继电器模块电源电路故障
7	无法刷卡	充电桩显示屏可以正常触屏,故障指示灯不亮,刷卡无反应,车辆无法充电	读卡器电路故障、读卡器故障、IC 卡磁被磁化
8	车仪表板显示充电连接中	车仪表充电指示灯点亮,但一直显示充电连接中,车辆无法充电	充电设备 CP 电路故障、车端 CP 电路故障
9	家用便携式充电枪无法充电	在家里用便携式充电枪无法充电,但外面的充电桩可以充	便携式充电枪故障、家用电缺少地线
10	低压无 13.5~14V 输出	仪表板点亮低压电充电指示灯,车辆有高压电	DC/DC 变换器本身故障、DC/DC 变换器熔丝故障

充电指示灯和仪表板显示"充电连接中"分别如图 3-65 和图 3-66 所示。

 充电连接指示灯   充电系统故障警告灯

a)　　　　　　　　　　b)

图 3-65　充电指示灯

图 3-66　仪表板显示"充电连接中"

单元6 国外充电口

1. 日本"CHAdeMO"充电标准

日本"CHAdeMO"充电标准的充电口如图3-67所示。

2010年3月,日本为建立国际标准,推出了自主充电器规格——"CHAdeMO"。"CHAdeMO"的日语意思为"充电时间短如茶歇",这种直流快充插座可以提供最大50kW的充电功率。采用"CHAdeMO"方式充电时,充电器和充电车辆之间频繁进行数据通信,通过车载蓄电池组监视MCU,随时交换蓄电池状态信息,以保证提供最适充电电流,尽可能地减少车载蓄电池负担。"CHAdeMO"方式充电的特点是将充电器的插头分成普通充电插头和快速充电插头两种,并分别设置了对应两种不同插头的插座。2014年4月,"CHAdeMO"被国际电工委员会(IEC)批准成为电动车用快速充电器的国际规格。

图3-67 日本"CHAdeMO"充电标准的充电口

2. 欧洲"Combo"充电标准

欧洲"Combo"充电标准的充电口如图3-68所示。

采用"Combo"充电标准的充电口在欧洲国家较为普遍,奥迪、宝马、通用、保时捷以及大众等汽车品牌都配置这种充电口。"Combo"充电标准全称是"Combo Coupler"。这种基础插接器已经得到广泛的应用,日产聆风、雪佛兰沃蓝达以及三菱i-MiEV电动汽车都是采用这种充电口的车型。采用"Combo"插接器的最大好处在于,未来,汽车制造商可以在他们的新车型上采用一个插座,使用直流快充及交流慢充两种"Combo"连接方式。但它的局限性在于快充模式下需要充电站提供最高500V电压和200A电流。

3. "CCS"标准

"CCS"标准的充电口如图3-69所示。

图3-68 欧洲"Combo"充电标准的充电口

图3-69 "CCS"标准的充电口

为了改变混乱的充电口标准现状,同时也由于日、美两国争夺充电器规格主导地位的竞争愈加强烈，在2012年5月，美系和德系的八大厂商（福特、通用、克莱斯勒、奥迪、宝马、奔驰、大众和保时捷）发布了"联合充电系统"，即"CCS"标准。"联合充电系统"可将现行所有充电口（直流快充、交流慢充）统一起来后集中到一个插口上，完成单相交流充电、快速三相交流充电、家用直流充电和超速直流充电四种模式的充电。

美国汽车工程师学会（SAE）和欧洲汽车制造商协会（ACEA）都选择了"联合充电系统"作为直流/交流充电界面。2019年德国与中国统一了电动汽车充电标准后，中国也加入了欧美系这一阵营。

4. 特斯拉标准

特斯拉标准的充电口如图3-70所示。

特斯拉汽车有一套自己的充电标准，分为移动充电器、壁挂充电器和超级充电站。移动充电器配备两种插头，分别适配国标220V单相10A插座和三相16A插座，输出功率则分别是1.8kW和5.2kW。壁挂充电器即家用充电桩，电压和电流分别是220V和40A，输出功率是8.8kW。另外还有高功率壁挂式充电器，采用380V三相电，电流为32A，输出功率达到了18kW，充满一辆蓄电池能量为85kWh的特斯拉Model S大约需要5h。超级充电站是完全由特斯拉自主建设的快速充电网络，随着特斯拉的热卖，他们正在建设着遍及全球的超级充电站。特斯拉计划放弃对充电标准的控制，而采用各国的国标，而其在中国已经如此执行。

图3-70 特斯拉标准的充电口

1. 交流充电系统的特点为充电功率小、充电时间长，但充电设备成本低。
2. 交流充电方式有单相交流充电和三相交流充电。
3. 交流充电设备的功率越大，CP的占空比就越大。
4. 直流充电主要是通过充电站的充电桩将直流高压电直接通过直流充电口给动力电池充电。
5. 直流快速充电系统的特点为充电功率大、充电时间短，但充电设备成本高。
6. DC/DC变换器在纯电动汽车上的功能就相当于发电机和电压调节器在传统燃油车上的功能。DC/DC变换器将蓄电池的电压降至14V给铅酸蓄电池充电，铅酸蓄电池再作为电源驱动刮水器、前照灯等器件。
7. 在充电过程中不要起动汽车。一边充电一边放电对蓄电池的损害很大，应该避免。充电过程中，不要采取任何异常方式停止充电，例如，在完全没有任何信号的情况下拔枪，充电电流在极短时间内将为0，这对蓄电池有损害。

1. 纯电动汽车如何选择充电模式？

2. 纯电动汽车长期使用直流充电对动力电池有哪些危害？
3. 如何正确使用交流充电设备？
4. 车载充电机与外部充电设备的使用过程中有哪些注意事项？
5. 为什么直流充电要比交流充电快？

 测 验

1. 充电系统的主要组成部分有（　　）。
   A. 车载充电机　　　　　B. 直流充电口　　　　　C. 交流充电口
   D. 蓄电池管理系统　　　E. 高压配电箱及动力电池
2. 比亚迪 e5 车型充电系统包含哪些零部件？（　　）
   A. 交、直流充电口　　　B. 高压电控总成　　　　C. 动力电池包总成
   D. 蓄电池管理系统　　　E. 电机
3. 充电机是为动力电池等可充电的储能系统提供直流电能的设备，一般由以下哪些部分组成？（　　）
   A. 功率控制单元　　　　B. 计量单元　　　　　　C. 充电接口
   D. 供电接口　　　　　　E. 人机交互界面
4. 对于新能源汽车充电模式的说法，下列快充和慢充采用的方法错误的是？（　　）
   A. 恒流—恒压充电　　　B. 恒流—变压充电　　　C. 变流—恒压充电
   D. 变流—变压充电　　　E. 恒压—变流充电
5. 车载充电机工作状态及指令由 BMS 进行控制，其控制主要包括了哪些指令？（　　）
   A. 工作模式指令　　　　B. 动力电池允许最大电压　C. 充电允许最大电流
   D. 充电时间　　　　　　E. 加热状态电流值
6. 充电机工作过程中会检测与充电桩之间的握手信号，当判断到充电机连接信号断开时，充电机认为此时将要掉充电枪，停止工作，为防止带电插拔，以提升充电枪端子寿命，以下信号中不是检测充电枪连接信号的端子有哪些？（　　）
   A. CC　　　　　　　　　B. CP　　　　　　　　　C. L
   D. N　　　　　　　　　 E. S
7. 针对充电口的安全防护技术主要有（　　）等。
   A. 防止漏电　　　　　　B. 短路防护
   C. 误插拔防护　　　　　D. 断线防护
   E. 防止带电插拔
8. 新能源汽车的充、放电控制主要有（　　）几方面。
   A. 交直流转换，双向充放电控制功能
   B. 自动识别单相、三相相序
   C. 根据充电设备识别充电功率
   D. 根据充电电流控制充电方式
   E. 起动车辆动力装置
9. 车辆在进行直流充电时，插入充电枪后充电指示灯点亮，此时充电桩通过（　　）

两个端子来判断充电插头是否连接正常。

  A. A –　　　　　　　　B. S –　　　　　　　　C. S +

  D. CC1　　　　　　　　E. CC2

  10. 在直流充电过程中，充电桩与整车控制装置须进行通信，国标中要求通过 CAN 总线通信进行数据传输，其直流充电接口上由（　　）端子进行通信连接。

  A. DC –　　　　　　　　B. DC +　　　　　　　　C. S +

  D. CC1　　　　　　　　E. S –

实训任务工单

任务工单 3-1　交直流充电口结构原理认知

任务目标	1. 说出电动汽车主要有几种充电方式并简述它们的优缺点。 2. 填写充电口上的对应名称和端子号定义。 3. 描述充电口各自的工作原理。		
车型	比亚迪电动汽车	工具	数字万用表
时间	90min		

具体实施如下：

1. 说出电动汽车主要有几种充电方式并简述它们的优缺点。

1）电动汽车主要的几种充电方式：

2）简述它们的优缺点：

2. 填写充电口上的对应名称和端子号定义。

充电口名称：_____　　　　　　充电口名称：_____

1—(　　　　)　2—(　　　　)　　　　1—(　　　　)　2—(　　　　)
3—(　　　　)　4—(　　　　)　　　　3—(　　　　)　4—(　　　　)
5—(　　　　)　6—(　　　　)　　　　5—(　　　　)　6—(　　　　)
7—(　　　　)　　　　　　　　　　　　7—(　　　　)　8—(　　　　)
　　　　　　　　　　　　　　　　　　9—(　　　　)

3. 描述充电口各自的工作原理。

任务工单 3-2　交流充电基本检测，数据流、波形分析

任务目标	1. 交流充电的基本检测，测量充电枪 CC 与 PE 之间电阻，测量充电枪 CP 输出电压，检测车端 CC 输出电压。 2. 用诊断仪读取交流充电时的数据并分析。 3. 用示波器读取充电时 CP 的波形并分析。		
车型	比亚迪电动汽车	工具	比亚迪 VDS1000 诊断仪、数字万用表、示波器
时间	90min		

具体实施如下：

1. 交流充电的基本检测，测量充电枪 CC 与 PE 之间电阻，测量充电枪 CP 输出电压，检测车端 CC 输出电压。

项目名称	数值（含单位）
充电枪 CC 与 PE 之间电阻	
充电枪端 CP 输出电压	
车端 CC 输出电压	

2. 用诊断仪读取交流充电时的数据并分析。

分析项目	数值（含单位）	分析项目	数值（含单位）
交流侧输入电压		直流侧总电压	
交流侧频率		交流侧输入电流	
PWM 波占空比		12V 侧输出电流	
12V 侧输出电压		本次充电累计电量	
充电口温度		交流侧功率	
IGBT 温度		本次预计充满时间	

3. 用示波器读取充电时 CP 的波形并分析。

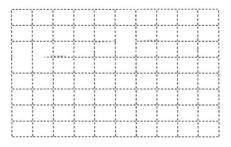

任务工单3-3 交流充电常见故障诊断与排除

任务目标	1. 利用比亚迪 VDS1000 诊断仪读取交流充电常见故障码。 2. 记录故障现象。 3. 分析故障原因。 4. 故障排除。		
车型	比亚迪电动汽车	工具	比亚迪 VDS1000 诊断仪、数字万用表
时间	90min		

具体实施如下：

1. 利用比亚迪 VDS1000 诊断仪读取交流充电常见故障码（1~3个）。

1）写出操作步骤：

2）记录故障码：

2. 记录故障现象。

3. 分析故障原因。

4. 故障排除思路。

任务工单3-4　7kW交流充电桩拆装与调试

任务目标		1. 7kW交流充电桩的元器件装配与电路连接。 2. 7kW交流充电桩检测调试。 3. 7kW交流充电桩通电调试。 4. 7kW交流充电桩参数设定。
车型	7kW交流充电桩	工具	新能源工具箱一套、绝缘手套、绝缘测试仪
时间		120min

具体实施如下：

1. 7kW交流充电桩的元器件装配与电路连接。

2. 7kW交流充电桩检测调试。

3. 7kW交流充电桩通电调试。

4. 7kW交流充电桩参数设定。

任务工单 3-5　7kW 充电桩故障诊断与排除

任务目标		1. 描述故障现象。 2. 查阅故障记录。 3. 故障检测。 4. 说明故障部位与故障排除。 5. 故障诊断与排除思路。
车型	比亚迪电动汽车	工具	比亚迪 VDS1000 诊断仪、数字万用表
时间		90min

具体实施如下：

1. 描述故障现象。

2. 查阅故障记录。

3. 故障检测（填写检测数据）。

4. 说明故障部位与排除故障。

5. 故障诊断与排除思路。